2024 한국문학특구포럼
장흥작가 발굴 선정 작품집

김녹촌 동시선집

시와사람

김녹촌 동시선집

2024년 10월 8일 인쇄
2024년 10월 13일 발행

지은이 | 김녹촌
펴낸이 | 강 경 호
작품선정 | 백수인 (조선대학교 명예교수)
　　　　　유용수 (수필가)
　　　　　강경호 (한국문인협회 평론분과 회장)
기획 · 편집 | 한국문학특구포럼 추진위원회(장흥문화원)
발행처 | 도서출판 시와사람
등　록 | 1994년 6월 10일 제 05-01-0155호
주　소 | 광주시 동구 양림로119번길 21-1(학동)
전　화 | (062)224-5319
E-mail | jcapoet@hanmail.net

ISBN 978-89-5665-741-7 73810

값 15,000원

· 지은이와의 협의로 인지를 붙이지 않습니다.
· 잘못된 책은 구입하신 서점에서 바꾸어 드립니다.
· 이 책은 〈한국문학특구포럼 – 장흥작가 작품집출간 지원사업 선정 시집〉
　장흥군의 지원으로 제작되었습니다.

ⓒ 김녹촌, 2024
저작권에 의해 보호를 받는 저작물이므로
저작권자의 허락 없이 무단 전재와 복제를 금합니다.

김녹촌 동시선집

책 머리에

아동문학가 김녹촌의
『김녹촌 동시선집』을 펴내며

　녹촌(鹿村) 김준경(金浚璟, 1927~2012) 선생 12주기를 맞는 시점에 '2024 제14회 한국문학특구포럼'에서 선생의 삶과 문학을 살펴보는 시간을 갖게 된 것은 늦었지만, 매우 의미있는 일입니다.
　선생은 1968년 〈동아일보〉 신춘문예를 통해 아동문학가로 활동한 이후 수많은 동시를 창작하였습니다.
　선생의 작품 세계는 모순된 현실 인식에서 시작됩니다. 선생은 작품을 통해 어린이들에게 현실을 주목할 수 있는 힘을 주고자 했습니다. 즉 부정적인 현실을 이겨내는 강인한 정신으로, 동시를 통해 어린이들에게 건강한 동심을 전달하는 것이 선생의 문학관입니다.
　선생은 우리나라 동시가 "동시지상주의적 입장에서 아동을 관념적으로 획일화한 동심"으로 파악하는 것을 경계하면서 성찰의 문학 세계를 구축하였습니다.
　특히 "상업주의 문명의 세찬 회오리 바람에 휘말려 갈핑질핑하는 어린이들을 대할 때마다 나는 가슴이 아팠다. 발버둥 치는 어린이들의 생활 현실을 직시하면서, 그들에게 용기와 희망과 투지를 심어줄 수 있는 리얼하면서도 생동감 넘치는 진실의 시를 쓰고 싶은게 나의 소원이었다."(『언덕배기 마을 아이들』, 책머리에서)고 밝히고 있습니다. 선생은 자본주의의 욕망에 노출된 어린이들의 생활을 바라보며 어린이에게 희망과 용기를 줄 수 있는 작품을 쓰고자 했습니다.

이러한 선생의 아동문학관은 우리 아동문학의 주류와는 그 결이 다른 것으로, 리얼리즘적 경향을 동시의 세계에 수용하였습니다.

그러나 전통적인 작품 경향인 '동시지상주의'를 배격한 녹촌 선생의 작품에 대한 연구가 거의 이루어지지 않고 소외되었던 것이 사실입니다.

늦었지만 선생의 고향, 전국에서 유일한 '문학특구' 장흥에서 선생의 삶과 작품 세계에 대한 연구의 단초를 마련한 것은 매우 뜻있는 일입니다. 이번 기회를 통해 선생의 작품에 대한 연구가 본격적으로 이루어지기를 기대합니다.

이러한 소망이 이루어지기를 기대하며, 선생이 평생 쓴 작품들 중에서 골라 동시 선집을 묶었으니 매우 유익한 일이 아닐 수 없습니다.

모쪼록 이 책이 유용하게 읽히기를 진심으로 바랍니다.

백수인(조선대학교 명예교수, 2024 한국문학특구포럼 대회장)

편집자 일러두기

• 이 선집은 백수인·유용수·강경호가 작품을 선정했습니다.

• 초판본의 표기를 원칙으로 삼았습니다. 단, 오기가 분명하다고 판단되는 표기는 바로잡았습니다. 초판본을 구할 수 없는 경우에는 초판본에 가장 근접한 것을 사용했습니다.

• 특별한 경우를 제외하고는 외래어는 국립국어원에서 정한 외래어 표기 원칙을 따랐습니다.

• 1부는 『소라가 크는 집』(보성문화사, 1969), 2부는 『쌍안경 속의 수평선』(한빛사, 1974), 3부는 『언덕배기 마을 아이들』(범아서관, 1982), 4부는 『태백산 품 속에서』(웅진출판사, 1985), 5부는 『진달래 마음』(대교문화, 1987), 6부는 『꽃 앞에서』(그루출판사, 1990), 7부는 『한 송이 민들레야』(대교출판사, 1994)를 저본으로 삼았습니다.

김녹촌 동시선집 차례

책을 펴내며 · 6

제1부 소라가 크는 집

나부리 소리 · 16
학교길 · 18
중간 보건 · 19
소라가 크는 집 · 21
해와 달 사이에서 · 23
숲길 · 24
해바라기 · 25
바람개비 · 26
유리 항아리 · 27
숲속 교실 · 28
코스모스(1) · 30
슬픈 지도 · 31
잠그네도 없이 · 33
연 · 34

제2부 쌍안경 속의 수평선

종달새 • 38

포플러나무 • 41

까치 소리 • 42

유리창 • 44

쌍안경 속의 수평선 • 45

동해바다 • 48

소풍 가는 날 • 50

포플러 숲 • 51

진달래 • 52

겨울 보리 • 53

봄비 • 55

멧새 • 56

보리밭 • 58

울릉도 • 60

빨간 손가락 • 62

주춤거리며 오는 봄 • 64

제3부 언덕배기 마을 아이들

어부 할아버지 • 66

들국화 • 69

이 푸른 5월에 • 71

싹이 트는 소리 • 73

철새 • 75
가을 제비 • 77
언덕배기 마을 아이들 • 79
새 • 82
시커먼 강 • 84
글 읽는 매미 • 87
바람개비 • 88
서울 참새 • 90
태백산맥을 타고 • 92
민들레 나라 • 95

제4부 태백산 품 속에서

손가락 • 98
제초제 • 101
태백산 개구리 • 103
우리 아버지는 • 105
학교에 가고 싶은데 • 108
비닐 조각 하나 • 111
바라크 촌 사람들 • 113
진달래꽃 • 115
울고 있는 강버들 • 117
놀다 간 자리 • 119
청소부 아저씨의 걱정 • 121

망친 농사 • 123
야구 중계 • 126
징검다리 건너는데 • 129
강냉이 장수 • 131
까마귀 • 134

제5부 진달래 마음

기계 병아리 • 138
풀지게 • 139
진달래 마음 • 141
개나리는 피어나서 • 143
흙이 목숨줄이기에 • 145
시를 쓰는 나무 • 147
가을 들판 • 149
녹는 눈 • 151
꽃처럼 • 153
오른쪽 • 155
휴전선 철조망 • 157
고사리 꺾기 • 159
할아버지 • 160
외딴집 • 161

제6부　꽃 앞에서

탑만 남아서 • 164
들꽃들에게 • 165
밤 뱃고동 소리 • 167
겨울 보리 • 169
새끼제비를 잃고 • 171
마늘 • 173
꽃 앞에서 • 175
다 어디로 간 것일까? • 177
버스 안에서 • 179
제트기 • 181
코뚜레 • 183
나물장수 우리 할머니 • 185
시골로 가고 싶어요 • 187
바닷가에서 • 189
총대 앞의 민들레꽃 • 192
아파트촌 아이들 • 194

제7부　한 송이 꽃 민들레야

개나리꽃 피어나니 • 198
지구의 옷 • 199
자동차에 둥지 튼 할미새 • 201
한 송이 민들레야 • 203

억울한 개구리 • 205
감 똥 • 207
흙이 목숨줄이기에 • 209
조상의 피땀어린 땅이기에 • 211
농사지어 가지고서는 • 213
하늘을 잃은 백조 • 215
빈 집 • 217
춘양목은 울고 있는데 • 219
풀 • 221
을지로 매미 소리 • 222
아뿔싸 • 224
우리 밀 밟기 • 226
아파트촌 아이들(2) • 228
공장 짓는다고 • 230
초가집의 하소연 • 232
하늘을 잃은 백조 • 234
돌그릇 • 236
당돌한 버들개지 • 238
보리밭 길·3 • 240

1

소라가 크는 집

나부리* 소리

글을 쓸 때도
쏴아 철석
책을 읽을 때도
쏴아 철석.

운동장 기슭에 와서
보채는 듯
쏴아 철석.

오징어잡이 나가신
아버지가 그리워
창 너머로 눈을 돌리면,

아-
어지럽도록
아암히 푸른 바다…….

쏴아 쏴아
나부리 소리 속에
아버지 고기잡이 노래도

들려 온다.

＊나부리 : 파도의 동해 지방 사투리

학교길

바다를 끼고 오가는
학교 길은
혼자서 걸어도
정다운 길.

푸른 물결 밀려 와
발을 적시면
파란 꿈이 꽃처럼
피어 오르고,

갈매기와 얘기하며
걷노라면
고스란히 구김살도
펴지는 길.

바다를 끼고 혼자서
오가는 길은
걸어도 걸어도 또
걷고 싶은 길.

중간 보건

스피커 소리
우렁차게
하늘로
바다로
메아리져 퍼진다.

모두 모두 뛰어나와
팔을 흔들어라.
가슴을 펼쳐
하늘을 안아 보아라.

팔들이 일제히
나무숲처럼 피어 올라
일렁일 때마다,

어린이들 가슴에
선생님들 가슴에
푸른 하늘이
한아름.

둥그런 팔 안에
둥그렇게 하늘이
한아름.

바닷가 외딴 마을에서도
날마다 한 치씩
어린 팔들이 자라고,

어린 가슴은
바다처럼
사뭇 푸르러들 가고…….

소라가 크는 집

바닷가 돌바위 새에
바다제비처럼 흙집을 모아
엄마와 단둘이 사는
식이네 집은
소라의 꿈이 크는 집.

엄마는 갈구리 들고
미역 주우러 가고
동네 아이들 학교로
빨려 가 버리면,
모래사장도 넓은 바다도
온통 식이 혼자만의 것.

뜨락 밑에서 철석이는 바다는
그대로 하나의 파란 교실……
땡땡 학교 종이 울릴 때면
책이 없어 외로운 식은
파란 동화책을 펴 놓고
혼자서 꿈꾸며 공부를 한다.

첫째 시간엔
조개알 주워 모아 조개성 쌓고
둘째 시간엔
세계 지도 그리며
낯선 항구 더듬어 보고
세째 시간엔
갈매기 타고 수평선 넘어 날아가 보고
그리고 네째 시간엔…….

파란 바다가
파란 말씨로 일러 주는 가르침은
우람하고 크낙하고 싱싱한 것.
마구 가슴팍을 파고 드는
힘세고 억세고 뜨거운 것.

바다에 아버지를 여의고도
또 바다를 어버이 삼아
홀로 크는 식은,
오늘도 파란 교실의 유리창을 닦으며,
또 하나의 빨간
아침 해를 먹는다.

해와 달 사이에서

해와 달 사이에서
별들의 눈망울이
산머루처럼 익어 가듯,

아가들은
엄마 아빠 사이에서
별 같은 눈망울이
영글어간다

해님은
뜨겁고 힘세고 억센
해바라기 사랑을,

달님은
수줍고 아늑하고 은은한
달맞이꽃 사랑을,

해와 달 사이에서
별들이 자라듯
아가들이 자란다.

숲길

눈이 까매서 외로운 소년은
혼자서 숲길을 걷곤 했다.

숲 속엔 아무도 아무도 없지만
눈부신 이파리들
수런거리는 속삭임이 좋았다.

숲 속에 바람이 일어
소용돌이치는 강물처럼 바람이 일어,
구름밭 사이 어느 골짜기로
메아리져 퍼지는 나무들의 아우성…….

소년은 숨이 차 눈을 감아 본다.
가슴이 환히 열린다.
마음은 둥둥 노래 위에 뜨고,
숨숨 부풀어 오르는 소년의 꿈…….

눈이 까매서 외로운 소년은
버릇처럼 숲길을 걷곤 했다.

해바라기

유리창 밑에서
소낙비를 맞던
해바라기.

고추잠자리 날을 때
고개를 쑥 빼 들고
교실 안을 넘어다 보았다.

-보인다, 보인다, 정아
-책 읽는 소리 물소리 같아
-꼭 한 번 보고 싶던 정아.

정아는 동시를 쓰느라고
생각에 잠기다가
뒤통수가 간지러워
뒤돌아보았다.

커다란 커다란
해바라기.
인자한 할아버지처럼
웃고 있는 해바라기.

바람개비

미술 시간에 만든
바람개비
들길에 서니,
잔잔잔
잘도 돈다.

바람개비 입에 물고
팔을 뻗치면
노마도 순이도
비행기.

파란 들길을
비행기가 여섯 대
잔잔잔
날아 간다.

날개를 기우뚱거리며
부릉부릉거리며…….
십릿길도 단숨에
하마 집에 다 와 버렸다.

유리 항아리

비 멎은 뒤
오월의 산과 들은
파란 유리 항아리.

〈꾸요 고오-〉
노란 꾀꼬리 울음 소리
숲속 이슬을 말리고,

숨숨 커 오르는
나무 가지들
금시 산 키를 잰다.

먹감은 나무들이
일제히 합창을 터뜨렸다.
오월은 저희들의 달이라고…….

비 멎은 뒤
산과 들은 유리 항아리.
파랗게 파랗게
들어비치는
유리 항아리.

숲속 교실

삐찌구 찌찌
삐찌구 찌찌

멧새들이 피리를 분다.
숲속에 시를 쓰는
아이 손님들이 왔다고…….

지느러미처럼 하늘거리는
오리나무, 아까시아 이파리들
말랑말랑한
눈망울을 어루만지면,

숲속 푸르름이 가슴 깊이 젖어 들어
아이들은 문득 사슴이 된다.
싸리 순 뜯는 아기 사슴이 된다.

연초록 산바람 따라
하얀 원고지 위엔
이파리 그늘이
비눗방울처럼 아른거리고,

아이들은 무늬진 종이 위에
수를 놓는다.
으른으른 그림자 무늬 같은
꿈을 그린다.

삐찌구 찌찌
삐찌구 찌찌.

동시는 사뭇 멧새 노래 닮아 가고,
아이들의 눈망울은
우물 속 구름같이 맑아져 가고…….

코스모스(1)

아무렇게나 던져진 씨앗이
여름 한 철
아무렇게나 자라서,

허술한 집 모퉁이
비었던 하늘을
꽉 채워 버렸다.

추석빔 차려 입은 아가들처럼
울타리 밑에 모여 앉아
가을바람에 쌩긋쌩긋.

아무렇게나
흩어진 대로 피었어도
울타리 밑은
환히 빛나는 별나라.

슬픈 지도

사회 생활 시간에
두 개의 눈과
백 마흔 남은 눈들이
함께 울었다.

태백 푸른 산맥을 타고
백운산까지
더듬어 올라가다가,

경부선
경의선을
내쳐 달려 보다가,

끊어진 동맥
썩뚝 잘린 송전선
아아, 막혀 버린
가슴과 가슴…….

숨을 죽이고
눈과 눈들이 마주 보았다.

이슬로 흐려지는 지도.
슬픈 지도.

잠그네도 없이

봄 해 긴 풀뿌리 고개
한 되박 보리쌀을 벌려고
엄마는 비틀비틀
돌자갈을 여 나르는데,

등에 업힌 갓난이는
누더기 요때기 속에 잠이 들었다.
자장가도 잠그네도 없이
단잠이 들었다.

돌자갈을 쿵 부릴 적마다
고개가 젖혀진 채로
핏기 없는 아가는
잠만 잔다.

누더기 엄마 등이
잠그넨 줄 알고
잠만 잔다.

연

연을 올린다.
바람에 연을 걸어
꿈을 올린다.

시끄럽다고 쫓겨난 노마도
방이 비좁아 밀려나온 돌이도
하늘에 훌쩍
마음을 띄워 보낸다.

꼬리연
방패연
광대연…….

여울물 차고 오르는
잉어 떼처럼
퍼드럭거리며

맴돌며
마구 하늘을 쏘다닌다.

노마도
돌이도
벌써
하늘에 떴다.

휘휘 얼레에
푸른 하늘을 감으며
달나라 로켓트도 타 본다.

겨울 하늘은
짓눌린 아이들의
마음의 놀이터.

연이 퍼드럭거린다.
겨울 꿈이 퍼드럭거린다.

2″

쌍안경 속의 수평선

종달새

보리밭 푸른 창살 붉해지면
소스라쳐 일어나
푸르른 층계를 날아오르며
짖어대는 종달새.

굽어보면 눈부신 보리밭 푸르름에
바다 푸르름
우러르면 어지러운
하늘 푸르름.

조그만 날개
조그만 가슴으론
켜켜이 밀려오는 푸르름
어쩌지 못해
신들린 듯 미쳐 버려…….

삐이삐이 삐이쪼루 삐이쪼루
쪼루쪼루 삐이삐이 삐리삐리 삐이리리
삐이 쪼루룩 삐이쪼루룩 배배배배 비비 비비
까록까록 까르까르 까르륵 비비비

삐익.

그 설레는 가슴
푸른 불길로
활활 불태워 달라고
안타까이 울부짖는
그 목소리.

새는 작아서 안 보이지만
자지러진 그 흐느낌
구름밭을 뒤덮고
그리고도 보리밭에 치렁치렁 넘쳐서
여울지는데,

더욱 짙푸른
하늘의 궁전으로 치솟으면서
마지막엔 한 마리
파랑새가 된다.

푸르름 속에서
푸르름 마시며
푸르름만 노래하는
하늘의 시인.

아아,
파랑새야
파랑새야!

포플러나무

하늘 쓰는 포플러나무
이파리에선
언제나 여울물 소리.

동그만 조약돌
씻어 내리는
해맑은 여울물 소리.

수천 마리 붕어떼 피라미떼
여울물 거슬러
치달아 오르고.

더러는 햇빛에 뛰어올라
허옇게 은비늘 배때기
번쩍이는 놈들.

우리 집엔 연못도 강물도 없어도
항상 여울물에
고기떼 오르는 소리.

까치 소리

카랑히 멀어진
늦가을
하늘.

낙엽 지는
나무에서 우는
까치 소리에도
카랑한 11월이 물들었다.

카랑 카랑
하늘 찌르는 메아리에
우수수 우수수
낙엽은 지고,

까치 소리 묻은 고운 잎새들
편지처럼
주워
새겨 읽느라면,

어디서

흰 옷 입은
손님이
찾아올 것만 같다.

유리창

유리창 유리창은 꿈이 크는 창
말갛게 말갛게
유리창 닦자.

유리창을 닦으면 다가오는 하늘
부푼 꿈 저 하늘로
날려 보내게.

유리창 유리창은 맘 나들이 창
환하게 환하게
유리창 닦자.

유리창을 닦으면 밝아 오는 마음
함박웃음 저 하늘로
띄워 보내게.

쌍안경 속의 수평선

눈을 감아도 감아도
아련히 먼
밀물 소리
썰물 소리.

언젠가
바닷가에 다녀온
쌍안경 속에선
언제나 파도 소리.

동그란 렌즈를 반만큼 채우고
호수처럼 담긴 수평선은
팽팽히
살아서,

갈맷빛 고등어 등때기처럼
피둥피둥
살아서,

바다는 한 마리 물고기다.

어항 속 포옥 담긴
파란
물고기다.

더러 렌즈 안 하늘이
비좁아
몸부림치면,

문득
해일이 일어
쌍안경 속에서
해일이 일어,

수평선은 미친 듯
부풀어 올라
동그란 렌즈를
가득 채우고,

가슴팍을
방 안을
짓밟듯 가득 채우고,

그리고도 철철 넘쳐서
벌판을 뒤덮고 번져 가는

물결 소리
아우성 소리.

눈을 감아도 감아도
쌍안경 속
필름은 돌고 돌아서,

내 가슴은 언제나
파란
8월의 바다다.

동해바다

헐떡이는
숨결로
보리밭 물결 치는
언덕을 넘어서면,

헐떡이는 가슴에
생선처럼 알몸뚱이째
뿌듯이 안기는
바다 바다
아, 동해바다여!

저렇게도 질펀하고
저렇게도
아암히
푸르기만 하는 것이,

둥그런 태백산맥 등때기 얼싸안고
언제나 미역 내 나는 자장가로
달래 주는
어머니

어머니…….

철조망도
휴전선도 없이
영원히 노래하며 푸르를
우리들 마음의 고향
동해바다여!

밀려오는 파도처럼
사무치는
그리움
어쩌지 못해,

그 크낙한
품 속으로
풍덩 뛰어들고 싶어라.
풍덩 뛰어들고 싶어라.

소풍 가는 날

오늘은 산골에서 바닷가로
소풍 가는 날.

시냇물도 따라 따라오면서
같이 가잔다.

보리밭 종달새들 반갑다고
노래 부르고,

모래밭 해당화는 어서 오라
쌩긋이 웃네.

산에 갇혀 무척이나 보고팠던
그리운 동해바다.

그 파란 물 퍼담으러
바다로 간다.

포플러 숲

문을 열면
포플러 숲이 성큼
방 안으로 뛰어든다.

아침 바다처럼 출렁거리며
은비늘 고기떼처럼
퍼드럭거리며,

눈부신 푸르름
새소리에
여울져
방을 흔들면,

흔들리어 방이
나는
한 마리 물고기가 되고……,

진달래

앞산 자락 내려와
발을 뻗히고
운동장 기슭에 와서
핏빛 진달래.

뒷산 줄기 치달리다
우뚝 서면서
보리밭에 발 씻으며
타는 진달래.

앞뒷산 진달래꽃
창에 어리니
교실 안은 환한
진달래 꽃밭.

아이들도 송이송이
진달래 되어
꽃보다 붉게 타는
진달래 꽃밭.

겨울 보리

아침마다
된서리가 내리고
눈 얼음 살을 에는
매서운 추위가 닥쳐 온다는데,

겨울 하늘을 대지르듯
파릇파릇
푸른 깃발 흔들며 나오는
보리 잎새들.

온몸에 휘감고 땅에 묻히던
늦가을
눈부신 햇살만큼이나
쌕쌕한,

어지러운 바람 헤치고
떠들며 노는 동네 아이들
소리만큼이나
싱싱한,

아, 파릇파릇
저것은
먼 옛날부터 농사 지어도 지어도
허기진 옛 할배들의
가쁜 숨결인가.

아, 저것은
어쩌면 녹두 장군처럼
짓밟혀 땅에 묻혀 간
옛 아배들의 한 서린
푸른 넋인가
푸른 넋인가.

지워도 지워도 가시지 않고
뭉개도 뭉개도 꺼지지 않는
파릇파릇
저것은,

뜨거운
겨레의 젖가슴에 뿌리 하였기
더욱 기를 쓰며 푸르를 뿐.
더더욱 푸르러 번져 나갈 뿐.

봄비

보슬보슬 빗소리는 속삭이는 소리
누군가 누군가가
속삭이는 소리.

봄이 봄이 왔다고 어서 일어나라고
밤새워 누군가가
속삭이는 소리.

살을 에는 독추위에 얼부푼 상처
보슬보슬 어루만지며
다둑거리며,

어서어서 싹틔우고 꽃피우라고
누군가 누군가가
속삭이는 소리.

멧새

솔씨만 쏙쏙 빼먹고 살아서
솔씨처럼 조그맣고
예쁜 주둥이.

호젓한 메아리 산에
삣
삣
가냘피 울면,

먼 산에 메아리져
되돌아오는
솔바람 소리.

심심하면 주둥이
요리조리 다듬어 보고
날갯죽지 꼭꼭 이 잡아 보고,

영마루 건너는 먼 바람소리 들리면
바람소리 그리워
삣

삣
삣.

댕기 같은 꼬리 깝신대며
삣
삣
삣.

솔잎처럼 가느단 소리
날 적마다
산은 숨을 죽이고
조용히 엿듣는다.

보리밭

지금
이 강산엔 불이 붙었다.
보리밭 이랑마다 우썩 우썩
잠 깨어 일어서는 것들.

아지랑이 피는 들판으로
살구꽃 복숭아꽃 피고 지는 산골짜기로
더러는 산허리
산등성이까지…….

자지러진 종달새 노래 따라
자지러지게 느클거리며 출렁이며
타 번지는
푸른 불길.

눈보라 얼음 사슬에
상처져 갇혔어도
땅 속으로 가만 가만 스며 번지던
숨결이기에,

종달새 울자
한꺼번에 터지는 아우성
삼킬 듯 널름거리며 휘몰아치는
푸른 넋
푸른 깃발들.

보릿고개 넘는 긴긴 봄날을
썩은새 지붕 초가 마을을 돌아 돌아
자지러진 아우성이 탄다.
푸른 깃발이 탄다.

울릉도

멀고먼 동해바다 푸른 물굽이
한 송이 연꽃처럼 두둥실 떠서
신비스런 전설 지닌 푸른 울릉도.
겨울에도 빨갛게 동백꽃 피는
여기는 동해의 낙원이라네.

고깃불 밤바다에 꽃밭 이루던
밤치기 오징엇배 돌아오면은
포구마다 흥청대는 복된 울릉도.
눈 속에도 멩이 순 돋고 돋아서
여기는 살기 좋은 낙원이라네.

후박나무 숲에선 흑비둘기 울고
칼제비 집을 짓는 높은 절벽엔
향나무 피리 부는 외딴 울릉도.
성인봉 골짝마다 물소리 맑아
여기는 향기로운 낙원이라네.

연락선 외로이 울고 오면은
절벽의 산나리꽃 손을 흔들고

갈매기 춤을 추는 정든 울릉도.
푸른 바다 푸른 물결 푸르른 바람
여기는 영원한 낙원이라네.

빨간 손가락
- 복숭아 과수원에서

손가락이 아리는
한겨울을
장갑도 목도리도 없이
들 끝에 서서,

봄을 더듬는
복숭아
빨간 손 손
손가락 들.

금방 스케이트라도
타다 온 것일까
한결 싱싱히 윤기 도는데,

들새들 가냘피 울고 가면
소스라쳐
하늘에 손 담가 보고,

― 아직 멀었군.

― 아직 멀었군.

겨우내 가꾼 봄꿈이
마디마디 부퍼올라 터지는 날
자욱마다
꽃을 달려고,

명주실처럼 뿌려지는 부신 햇살
고이 뽑아서
진분홍 꽃이파리
만들어 놓고,

― 응? 좀 이상하군!
― 아무래도 좀 이상해!

연방 바람결에 손 담가 보며
봄을 기다리는
복숭아 빨간 가지
가지 들.

주춤거리며 오는 봄

강물이 꽁꽁 얼었다가
금방 또 좀 풀렸다가,

종달새 입이 봇물 터지듯 열렸다가
자물쇠처럼 금방 또
꽉 잠겼다가,

오기 힘든 태백산맥의 봄은
동장군의 앙탈에 오다가 멈췄다가
자꾸만 주춤거리고 있지만,

들녘 보리밭에는 하마
파란 봄이
찰랑거리고 있더라.

찰랑찰랑
찰랑거리고 있더라.

3

언덕배기 마을 아이들

어부 할아버지

낼 모래면 추석
남들은 고향에들 간다고
야단들인데,

평생을 배만 타다 늙으셨다는
어부 할아버지는
돌아갈 고향도
집도 없단다.

밭고랑 같은 주름살에선
항구마다 울리던
뱃고동 소리
여울지고,

움푹 파인 눈에서는
예순 남은 해의
옛 바다가
출렁이는데,

옷깃 스치는 바람세만 보고도

척척 하루 날씨를 점치시는
어부 할아버지는,

할아버지처럼 늙어 버린
통통배 뱃전에
우두커니 걸터앉아,

왜놈들 등쌀에
고기도 잘 안 잡히는
동해바다 황금어장만
글썽이는 눈으로
바라보실 뿐.

배가 크고
불빛이 더 밝다고
왜놈들 따라가 버린
마음 변한 우리 나라 고기를
원망하며
시장기를 깨무실 뿐.

평생을 고기만 잡다가 늙으셨다는
어부 할아버지는
반겨 줄 식구도
친척도 없단다.

차라리
바다가 고향이고
배가 정든
집이란다.

들국화

바람이나 지나가는
그런 산기슭
귀뚜라미나 우는
그런 풀밭에,

불볕 한여름을
쑥부쟁이로 서럽게
숨어 살더니,

어느 무서리 내린 날 아침에사
참았던 웃음
한꺼번에 터뜨리는
들국화야.

한 때 뽐내던 모든 이파리들
시들어 쓰러졌어도
서릿발에 세수한 듯
오히려 상쾌한 웃음
들국화야.

어두운 그늘 헤치고
피어났기에
하늘에 사무치는 기쁨
아우성 아우성아!

송이 송이
별눈 반짝이는
영이의 얼굴이 보인다.

속이빨 하얀
순이의 함박웃음이
흩어진다.

이 푸른 5월에

5월은
푸른 달
자라는 달.

온 세상 모두가 불타는 듯
푸르게 푸르게
자라는 달.

소나무도 자라고
대추나무도 상치도 자라고
올챙이도 자란다.

보리도 자라고
송아지도 민들레도 자라고
참새 새끼도 자란다.

모두가 두 팔을 벌리고
하늘 향해 만세를 부르며
햇살처럼 우썩 우썩 자란다.

인지 동산에
개미 떼처럼 모여 사는
어질고 지혜로운
7천 어린이들아!

우리도 이 푸른 5월에
나무들처럼 꼿꼿하게 어서 자라서
커다란 커다란
숲을 이루자꾸나.

7천 어린이들이 뭉치면
무서운 힘
산처럼 바다처럼
무서운 힘.

우리 모두 만세를 부르자꾸나
이 푸른 5월에
어린이들아!

싹이 트는 소리

저렇게도 시끄러운 웃음
저렇게도 야단스런 기쁨이
이 세상 또
어디 있을까?

물오른 4월의 포플러 숲을 가면
분수처럼 기운차게 뻗은 가지에서
분수처럼 기운차게 툭툭
싹이 트는 소리.

온 세상 어린이가 함께 모여서
만세라도 부르는 듯
하늘 찌르는 소리
바다가 부서지는 소리.

죽음도 슬픔도
서러운 한숨도 모두 물러가라고
이 세상엔 오직
새 생명
푸르른 새 생명뿐이라고…….

가지마다 싹눈마다
하하하 웃는 소리
기지개 펴며
자지러지게 깔깔대는 소리.

새들이 언 발을 녹이던
가지에선
새들의 체온만큼
훈훈한,

새들이 노래하던
가지에선
새들의 노래 소리만큼
영롱한,

하늘에 사무치는 저 아우성은
모진 겨울 견뎌 이긴
초록빛의 아우성이다.
승리의 아우성이다.

철새

아이들은 나더러
철새라 한다.
철 따라 여기 저기 전학 다닌다고
선생님도 나더러 철새라 한다.

평생을 지게 지고
뼈빠지게 일하여도
셋방살이 멍에는
벗지 못하고,

방세가 한바탕 치솟을 때마다
좀더 값싼 변두리로
밀려 나가야 하는
처량한 아버지 따라,

봄에는 동쪽 학교
가을엔 서쪽 학교
열 번도 더 전학을 다녀
이제는 지쳐 버린 이사.

시험 치면 학급 평균 깎아 먹는다고
찌짐바탕이 되고
육성회비 제 때에 못 낸다고
천덕꾸러기가 되기도 하지만,

솔방울이 구를수록 야물어지듯
막바지까지 어디 한번 굴러 보자고
어금니 깨물며
먼 산 바라보노라면,

문득 그리워지는
화전마을
거기 태어나 거기서 자란
정다운 옛 고향.

너무 외진 독가촌이라도 쫓겨났지만
옹달샘 저절로 솟아
소금만 있으면 살 수 있는 곳
다시 돌아가고 싶은
그 산마을.

가을 제비

소름 끼치는 싸락한 늦가을
새벽 하늘은
떠나갈 차비에 바쁜 제비 떼들로
어수선하다.

사발통문이라도 돌린 것일까
태어난 흙집
정든 마을을 버리고
경상도 제비가 모두 한데
모여들었나보다.

몇 백 몇 천 마리씩
소대 중대 대대를 만들고
연대 사단 여단을 만들어
날이날마다 높고 멀리 날기 강훈련이다.

새벽 찬 바람에 가랑잎처럼 흩날리며
훈련을 하다 지치면
전깃줄에 청어 엮듯 모여 앉아서
강남 갈 이야기에 가슴 부푼

제비 식구들.

엄마 아빠한테서 말로만 듣던
꿈의 고향
사시사철 꽃 피고 새 우는 강남땅이
구름 너머서 어서 오라
손짓해 부르고 있지만,

무서운 회오리와 폭풍우가
도사리고 있는
머나먼 하늘길
험난한 바닷길이기에,

부디 좋은 날 가려
무사히 건너가라고
조용히 조용히
빌어 보는 마음.

그리하여 봄이 되면
또 다시 찾아 오라고
두 손 모아 조용히 조용히
빌어 보는 마음.

언덕배기 마을 아이들

바람아 불어라.
무심한 바람아
바람이 세차게 불수록 좋은
우리 언덕배기 마을 아이들.

너도 나도 깡마른 흙빛 얼굴
아이들아 연을 올리자.
연이라도 올려야
속이 풀리지

뛰는 방세에 쫓기어
밀려 온 산마루
이젠 더 물러설 땅도 집도 없는
막바지 산마루.

수돗물도 숨이 가빠
못 올라오고
그 흔해 빠진 텔레비전 날개도
하나 달지 못하는…….

충청도에서 온 총칠아
경상도에서 온 방우야 나오너라.
전라도에서 온 식아
너도 나오너라.

날품팔이 나가신 어머니 아버지
그리워 외로울 때면
연이라도 올리자
아이들아.

다섯 식구가
엉덩이 들이밀 틈도 없는
낡아 빠진 판잣집이야
그까짓.

이사 다니다
다 망그러진
보잘것없는 세간이야
그까짓.

연을 타고
서해바다라도 한바탕
쏘다니고 와야
답답증이 풀리지.

연을 날리자 아이들아
연을 날리며
하늘에다 하늘에다
우리의 지도를 그리자.

노을빛
아름다운
내일의 지도를
아이들아.

새

새가 날아간다.
거침없는 하늘에
몸을 던져
거침없이 날아간다.

푸른 하늘 파닥여
제 마음대로
바람처럼 솟구치며
곤두박이치며,

산을 보며 날아간다.
해를 보며
별을 보며
날아간다.

산도 들도 빌딩도
모두 날개 밑
철조망도 토치카도
아득히 먼 날개 밑.

하늘길 구름길 굽이치며
깃발처럼 펄럭이는
날개는
자유의 날개.

국경선도 휴전선도
본체만체
거침없이 날으는
평화의 날개.

그 자유의 뜻
그 평화의 뜻은
아무도 아무도
함부로 꺾을 수 없는 것.

하늘에서 태어나
하늘에서 크는
자유의 새
평화의 새.

어둠을 뚫고 날아간다.
동트는 내일의 문을 열며
날개로 날개로
밀쳐 나간다.

시커먼 강

도시 한복판을 뚫고
흐르는 강
시커먼 강.

하수구에서 공장에서
썩은 물이 흐르고 흘러
더러워진 강.

붕어도 피라미도 모래무지도
찾아 볼 수 없는 강
배가 아파 모두 다
죽어 버린 강.

붕어마름도 고마리도
그 억센 여뀌까지도
발을 붙이지 못하는 강
무서워지는 강.

으리으리한 벽돌집에
마당에끼지 타일을 바르고
그렇게도 깨끗한 체 그렇게도

잘 사는 체 으시대는 도시 사람들인데,

부엌에서 수돗가에서 흘러 나오는 건
왜 그리 모두가 더럽고 시커멓고
냄새 나는 것뿐인 것일까?

아침 저녁 다리 건너며 바라보면
날마다 조금씩 더 시커매지는 강
빨래도 목욕도 영영
할 수 없는 강.

미술 시간에 아이들이
그림 그릴 때면
무작정 시커멓게 먹칠해 버리는 강
죽음의 강.

저 검은 구렁이처럼 징그러운
시커먼 강은
우리의 눈과 마음을 마구
깜깜하게 먹칠해 놓고,

그리고도 또 모자라
어느 강 어느 바다를 망치려고
저렇게 능글능글 자꾸만 아래로

흘러 가고 있는 것일까?

죽음의 강
징그러운 강
가슴 아파지는 강.

글 읽는 매미

우리들이 숲 속에서
책을 읽으면
매미들도 시새워
글을 읽지요.

처음엔 서툴러서
"이이이 이—쪼강."
더듬지요.

조금 익숙해지면
선생님 말도 안 듣고 마구
"이쪼강 이쪼강 이쪼강…."

그러다가 싫증이 나면
"킬킬킬 킬킬킬…."
공부 그만 하자고
"킬킬킬 킬킬킬…."

바람개비

미술 시간에 만든
바람개비.

들길에 서니
잔잔잔
잘도 돈다.

바람개비 입에 물고
팔을 벌리면
석이도 남이도
모두 비행기.

파란 들길을
비행기가 다섯 대
잔잔잔
줄을 지어 날아간다.

날개를
기우뚱거리며
부릉부릉거리며…….

십릿길도 단숨에
하마
집에 다 와 버렸다.

서울 참새

참새도
서울 참새는
꾀죄죄 때가 묻었다.

거미줄 같은 전깃줄에
날개 칠
하늘을 잃고,

찻소리
사람 떼에 놀래어
쫓겨 온 뒷골목.

그을린 지붕과
더러운 길바닥 오르내리다
굴뚝새처럼
새까매진 얼굴.

이 눈치 저 눈치 살피다
포로록 내려 앉아
때묻은 모이라도 하나

쪼을 양이면,

덮치는 발치에
또 후다닥 내빼야 하는
지친 듯
가련한 모습.

마음 놓고 모이 쪼을
마당도
서로 모여 조잘거릴
나무도 하나 없이,

쥐 새끼처럼 조바심치며
남의 눈치나 살펴야 하는
가여운
서울 참새.

태백산맥을 타고

태백산에서 고직령까지
출렁이는 태백산맥을 타고
토끼처럼
능선길을 달린다.

봉우리 첩첩
골짜기 겹겹
가도 가도 끝없는 산의 물결
가도 가도 끝없는 실날 오솔길.

강원도 땅을 밟았다가
경상도 땅을 밟았다가
이리 구불 저리 구불
풀숲 헤쳐 헤쳐 가노라면,

오른쪽은 남한강 줄기
왼쪽은 낙동강 줄기
발 밑에선 이 시린 개골물 소리
메아리 소리.

저 봉우리 넘어서면
고직령이 보이려니
하고 가 보면
또 아니고
또 아니고…….

태백산맥은 역시 우람찬 산줄기
우리 나라의 허리가 되고
등마루가 되는
어머니 산
거룩한 산.

목이 타고 다리가 아파도
앞으로 앞으로 자꾸만
가 보고 싶은 마음
산줄기 따라 끝없이 끝없이
가 보고 싶은 마음.

어머니 나라의
어머니 등이기에
언젠가 한번은 꼭 업혀 보고 싶던
그리고 그리던
따뜻한 어머니 등이기에,

엄마 품에 땀 얼굴 부벼도 보고
우정 쿵쿵 굴러도 보며
길 없는 길을
새 길 트며 트며 간다.

민들레 나라

구름도 쉬어 넘는
1,200 일월산 산마루는
노란 노란
민들레 나라.

초여름인데도
짜른 모가지에 빨간 줄기
톱니 잎사귀도 날카로운
좀민들레꽃.

시끄러움도 더러움도 없는
신선 같은 곳에 이사 와서
내 세상이야 펼쳐 놓은
민들레 공화국.

오순도순 모여서
마을 만들고 나라 만들어
산마루는 온통
환한 환한 민들레 꽃방석일세.

싸움도 눈물도
빼앗음도 없는
민들레 저희들끼리만의
아름다운 민들레 공화국,

송이 송이 야무진 별 같은 얼굴
반짝이는 웃음과
축복의 노래만이 소용돌이치는
눈부신 별나라 같은 곳.

나도야 민들레 되어
일월산에 오래오래 살고파지네.
민들레처럼
좀민들레처럼.

4

태백산 품 속에서

손가락

작두질하다 실수하여 잘린
손끝 마디를
다시 붙여 겨우 살려 놓은
용이 아버지 오른손
검지와 가운데
두 손가락.

돌아가며 하는 품앗이라
빠질 수가 없어
한 달을 꼬박 모내기하고 나니
붙인 손가락이 다시 탈이 나
퉁퉁 붓고 아프기
시작했다.

진료소엘 가 봐도
시골 병원엘 가 봐도
큰 병원에 가서
수술을 해서
더 큰 탈이 나기 전에
손가락을 끊어 내야 한단다.

궂은비는 자꾸 내리고
손가락은 욱씬욱씬 더 아프고
수술비가 없어 답답한 용이 아버지는
올 데 갈 데 없어
이 집 저 집 돌아다니며
서성대는데,

동네 사람들은
남의 속도 모르고 자꾸들
큰 병원엘 가 보라고 한다.
어서 수술을 해서
손가락을
끊어 내 버리라고 한다.

사람이 곧 죽는다 해도
돈이 없으면
거들떠보지도 않는
매정스런 병원인 것을
속도 모르고,

두 손가락 끊어 내 버리면
모내기도 품앗이도 못 하고
막일도 못 하는

아무 쓸모 없는
사람이 되고 마는 것을,

속도 모르고
남의 안타까운
타는 속도 모르고…….

제초제

잡초들이 한창
내 세상이야 기를 쓰며
마구 치솟는 한여름인데,

풀 베기 힘들고 귀찮다고
논밭둑에 들길에 마구탕
제초제를 뿌려 버린다.

원자탄을 맞은 듯
풀잎이 노랗게
폭삭 고스라져
죽은 자리.

버섯구름이 치솟은
일본 나가사끼와 히로시마를
생각나게 하는
가슴 아픈 자리.

짐승도 먹고
사람도 먹고 살라고

하늘이 베풀어 준
고마운 풀잎인 것을,

대자연의 은혜도
하늘을 두려워할 줄도 모르고
원자탄처럼 무서운 독약을 저렇게
아무데나 함부로 뿌려 버리다니…….

그런데, 저것 봐라!

폭삭 다 죽은 줄만 알았던
풀잎 밑줄기에서
다시 되살아나 피어 오르는
환한 연둣빛 연둣빛…….

저렇게도 가련하게 되살아나는
가냘픈 풀잎에다
사람들은 또,

그 독한 제초제를
뿌릴 것인가
흩뿌릴 것인가!

태백산 개구리

개구리도
태백산 개구리는
몸에 좋대서,

너도 나도
오토바이 타고 와서
가마니떼기로 잡아간다.

개울물 바위 밑에서
봄 오기만 기다리며
조용히
겨울잠 자고 있는 놈을,

쇠망치로 때리고
찔찌리로 지져서
인정 사정 없이
마구잡이로 잡아간다.

그것도 암놈은
약이 더 된대서 150원이고

숫놈은 그냥 100원이라나?

남 못 할 일 하면
결국엔 자기도
벌을 받게 되는 것을…….

고요한 산골에
간사한 장사꾼들
들랑거리더니,

봄의 파수꾼
태백산 개구리가
씨가 말라 간다.

우리 아버지는

흙빛 얼굴
구릿빛 팔다리에
텁수룩한 턱수염.

지게 지고
산밭 가꾸느라
소처럼 끙끙 일만 하시는
우리 아버지는,

양복도 넥타이도 구두도 모르고
화장품도 커피도 다방도
사치품도 멋 부릴 줄도
몰라요.

낫과 괭이와 삽과
고무신과 작두와 바지게와
만날 쓰는
쟁기와 호미밖에 몰라요.

쟁기질, 씨뿌리기, 모심기와

누에치기, 밭매기
풀베기와,

나무하기, 도리깨질 그리고
짐승 기르는 일밖에는
몰라요.

과자도 껌도 마요네즈도
소시지도 미원도
싫어하고,

냉장고, 텔레비, 야구, 권투도
좋은 옷, 좋은 집도
모두 싫어해요.

밀짚모자와 도롱이와 멍석과
초가집과 질그릇을 좋아하고
노랫가락과 타령과
육자배기만을 좋아해요.

우리도 남처럼 도시에 나가
빌어먹더라도
수돗물 마시며
편하게 살자고 하면,

산밭을 파며
제 양심 안 속이고 사는 게
제일 속이 편타며
산에서 산에서 살자 하시지요.

장삿속으로 하는 건
모두가 좋지 않고
오직 죄 짓지 말고
착하게 착하게 살자 하시는

우직한 우리 아버지는…….

학교에 가고 싶은데

병연이 아버지는
함백산 밑 사북
어느 탄광에서 일하시다
몸을 다쳐
직장까지 잃어버리고,

날마다 아버지 술주정 때문에
싸우다 지친
병연이 어머니는
두 남매를 놔둔 채
어디론가 나가 버려,

병연이는 태백산 밑
봉화 어느 다방
잔심부름꾼으로
20만 원에 팔려 가고,

병순이는
어느 과수원 집
애 보는 아이로

10만 원에 팔려 갔다.

병연이는 3학년
병순이는 1학년
학교엔 가고 싶은데
주민 등록이 없어
전학이 안 된단다.

벽돌 공장에서 일하시는 아버지는
날마다 술만 잡수시며
주민 등록 걱정은 해 보지도 않아
도와 줄 사람은
아무도 없다.

새벽부터 탄불 갈기며
주방 잔심부름
썩어 빠진 유행가에
만화책이나 뒤적거리며
시들시들 멍들어 가는 병연이는,

이웃 학교에서
운동회 연습하는 스피커 소리
들려 올 때마다
문득 창가에 나가

먼 하늘을 바라본다.

―어머니는 지금 어디 계시고
병순인 가족이 보고파서
어떻게 지내고 있을까?

―나는 언제쯤 학교에 가게 되고
우리 가족은 언제 다시
오순도순 모여 살게 될까?

이 걱정 저 걱정 하다 보면
매정스런 주인 아줌마의
날카로운 꾸중이
뒤통수에 떨어진다.

비닐 조각 하나

농사를 지어 먹고는
논밭에 아무렇게나 내버린
비닐 조각
하나.

겨울 회오리바람에
미친 듯 휘날려 다니다
산모퉁이 소나무 가지에
달랑 걸렸다.

어디로 날려 가 버리지도 않고
높아서 손으로 걷어 낼 수도 없는
그 보기 싫은
비닐 조각 하나.

미친 여자 속옷처럼
갈기갈기 찢어져 나풀거리며
깨끗하고 푸르른 소나무 가지
더럽혀 놓고,

산 높고 물 맑은
아름다운 문수산 골짜기까지
온통 보기 싫게
망쳐 놓았다.

편리하다고
사람이 머리를 짜서 만든 비닐이
마지막엔 저렇게 더럽고
보기 흉한 꼴이 돼 버리다니…….

땅에 묻어도 썩지 않고
태우면 독한 연기로
하늘까지 숨 막히게 하는
소름 끼치는 비닐.

이러지도 저러지도 못해
마지막엔 비닐 속에 파묻혀
사람이 죽을
그런 무서운 비닐.

바라크 촌 사람들

탄광촌 변두리 언덕배기에
담치조개처럼 총총히 달라붙은
까치집같이
허술한 바라크 집들.

새 다리 기둥에
새 다리
서까래.

찌그러진
문짝에
허물어진 마룻장.

집은 낡아서
옆으로 비스듬히 넘어갔어도
토방엔 식구들의
신발이 많다.

그 신발들이 나가서
탄광 막장 두더지가 되기도 하고

혹은 험한 막일로
그날그날 입에 풀칠하는
밑바닥 사람들.

이제는 떨어져 내려가려 해도
더 내려갈 곳 없는
막바지
밑바닥 사람들.

쪼들리는 살림이라
버짐 핀 얼굴에
근심 걱정 가실 날이
없어도,

팔도 강산 사방에서
살 수 없어 굴러 든
똑같은 처지이기에
서로서로 아픈 상처 다둑거리며,

성한 팔다리
하나 믿고
어금니 깨물며
억척으로 살아간다.

진달래꽃

동네 사람들이
산밭에서
밭 갈고 씨 뿌리기에
한창 바쁠 때,

술래잡기하며 모여 놀던
동네 아이들
우루루 앞동산으로
몰려가더니,

불타는 듯 활짝 핀
진달래꽃
손에 손에 아름 꺾어 치켜 들고
개선 장군처럼
돌아오는데,

줄지어 들어오는
횃불 같은 진달래꽃
뜨거운 불살에
온 동네가 불붙어,

집도
산도
논밭도
활활 불타 오르는,

어느 봄날
어느 산마을
눈부신 한나절.

울고 있는 강버들

강원도로 넘어가는
낙동강 상류
경치 좋은 시냇가
강버들 가지에,

탄광촌 사람들이 마구 버린
걸레 쪼가리며
얼룩덜룩한 비닐 쓰레기가
거지 꼴로 벌레벌레 걸려 있다.

아무도 떼 줄 사람도 없고
아무리 몸부림쳐도
거머리처럼 달라붙어
다시는 떨어지지도 않는,

손발 꽉 묶어 주리 틀고
모가지 조르며 덤비는
원수같이 귀찮고 더러운
쓰레기 쓰레기…….

버들개지도 이파리도
마음대로 피울 수 없고
몸짓도 제대로 할 수가 없어
강버들은 혼자서 울고 있다.

버리는 쓰레기가 줄기는커녕
달마다 해마다
더더욱
늘어만 가서,

아름다운 금수 강산이
쓰레기 강산으로
변해 가는 꼴이
하도 안타까와,

시커먼 강물이 굽이치는
태백산 기슭에서
남몰래 혼자서
울고 있다.

놀다 간 자리

새들이 놀다 간
자리엔
노래가 남고,

나비가 놀다 간
자리엔
꽃이 피지만,

사람이 놀다 간 자리엔
더럽고 지저분한
쓰레기만 남는다.

비닐 봉지, 과자 껍질, 사이다 병,
담배 꽁초, 음식 찌꺼기, 라면 봉지…….

먹을 때는 좋다고
먹어 놓고는
갈 때는 내 몰라라
두고 가 버려,

깨끗하고 조용하던 산골짝까지
병들게 하고 있는
쓰레기 쓰레기
생활 쓰레기.

나뭇가지나 나뭇잎이
떨어져 있으면
오히려 정답고
보기 좋지만,

사람이 편리하다고
만든 것은
왜 그리 보기 싫고
구역질이 날까?

구역질이 날까?

청소부 아저씨의 걱정

쓰레기차로 가득가득 실어다
매일같이 내다 버려도
꾸역꾸역 또 쌓이는
쓰레기 쓰레기.

집집마다 먹고는 버리고
쓰고는 버린
쓰레기 쓰레기
생활 쓰레기.

하루라도 안 치우면
집집마다 골목마다
산더미처럼 쌓여서
보기가 싫고,

묻어도 썩지 않는
온갖 잡동사니 비닐 쓰레기며
냄새 나는 더러운
음식 찌꺼기.

딴 데 갖다 버리면
깨끗한 땅을
못 쓸 땅으로
망쳐 버려.

안 치우자니
보기 싫어 그냥 둘 수가 없고
버리자니 깨끗한 자연에게
큰 죄를 짓게 되어,

청소부 아저씨는 괴롭단다.
이럴 수도 저럴 수도 없어
자기 혼자서
날마다 괴롭단다.

망친 농사

봄에는 시세가 좋대서
봄무를 많이 갈아 놓고도
아무도 사 가는 사람이 없어
그대로 밭에서
썩혀 내버렸는데.

가을엔 또 난데없는
우박이 쏟아져서
담배 농사도 고추 농사도
옥수수 농사도 모두모두
망쳐 버렸다.

달걀만한 우박덩이에
두들겨 맞아
숭숭 구멍이 뚫려
헌 걸레처럼 돼 버린
담뱃잎.

흡사 손에 쥐고 하나하나
째 좋은 듯

머리칼처럼 갈기갈기 찢어진
안타까운 사료 옥수수
이파리.

고추며 고춧잎이며 잔 가지까지도
다 떨어지고 찢어지고
앙상하게 줄기만 남아
비참하게 서 있는
고추나무…….

하루 아침에
매몰스럽게도 망쳐 놓은
밭농사 때문에
초상집같이 돼 버린
우리 집.

하늘이 무너지고
땅이 꺼질 것 같은
식구들의
한숨 소리.

금년 겨울은
양식이 없어 어이 지내며
명년 봄에 나는

중학교에 어떻게 갈꼬?

눈 뜨고는 차마 못 볼
처참한 밭을 보고
아버지도 눈이 뒤집혔다.
어머니도 어머니도
실성해져 버렸다.

야구 중계

산마을에선 지금 비가 안 와서
못자리도 못 하고
씨앗도 못 뿌려
한숨만 쉬고 있는 판이고,

그래도 식구들은 산밭에 나가
밭을 갈고
퇴비도 나르며
봄농사 차비에
눈코 뜰 새 없는데,

빈 방에 혼자 남은
라디오는
저 혼자 야구 중계를 한다고
야단법석이다.

시골에선 보이지도 않고
볼 사람도 없는
도싯사람들 저희들끼리만이 하는
배부른 놀음인 것을,

누가 2루타를 치고 나갔고
누가 홈런을 쳐서
두 사람이 뛰고 있는데
점수가 역전될 것이라며,

아나운서는
자기 할배라도 만난 것처럼
꺼벅꺼벅 숨 넘어가는 소리로
고함을 치며 야단이다.

씨앗 하나 뿌릴 줄도 모르고
괭이질도 하나 옳게 할 줄 모르면서
밥만 먹으면 만날 야구나
해먹고 사는 사람들.

어느 편이
지고 이기면 뭐하며
누가 홈런을 쳐서
몇 점을 더 따면 뭘하나?

산골 사람들은 지금
비가 안 와서
죽느냐 사느냐 하는

판갈이싸움 판이고,

농협 빚에 졸려
논밭을 파느냐
집을 잡히느냐
근심 걱정이 태산 같은데,

할 일 없는 라디오는
아무도 없는 빈 방에서
해 빠지도록 쓸데 없는 소리만
씨부렁거리고 있다.

자나 깨나 썩어 빠진
유행가나 틀고
상품 광고나 하며,

남이야 듣건 말건
하루내 지껄이기만을
일삼는
얼빠진 라디오는…….

징검다리 건너는데

어스름 달밤에
도시로 흐르는 강
징검다리
더듬더듬 더듬어 건너는데,

왈칵 코를 찌르는
강물 썩는 냄새
구역질 나는
기름 냄새.

피라미도 병들어
비실거리고
물소리도 때가 끼어
목이 쉰 여울.

썩어 버린 강이
하도 불쌍하고 괴로워서
징검다리
건너기가 싫다.

썩은 강물 속에
잠긴 초생달아
너도 어서
빨리 달아나거라.

고운 네 얼굴에
썩은 냄새 묻을라
기름 때가
묻을라.

강냉이 장수

변두리 오두막집
불기 없는 셋방에서
젖먹이 끌어안고
며칠을 주려 떨다가,

양식 팔 돈 몇 푼
벌 양으로
튀김 강냉이 몇 되박 꾸려 이고서
뛰쳐 나온 강냉이 장수 아줌마.

이 골목 저 골목 돌아다니며
강냉이 사이소—
강냉이 사이소—
외쳐 불러도,

동네 꼬마들이나 나와서
조금씩 갈아 줄 뿐
아무도 아무도
거들떠보지도 않는다.

등에 업힌 갓난이는
추위에 떨다가
동태가 됐는지
꼼짝도 않고,

시장기가 덮쳐서
모기만한 소리도 안 나오는데
밥 좀 먹어 보란 사람 하나 없는
쌀쌀맞은 도시 뒷골목.

짓궂은 바람마저
사람을 업신여기는 듯
세차게 흙먼지만
뒤집어 씌우고 달아날 뿐.

어떤 사람은
만날 놀고 먹어도
공돈이 척척
굴러 들어오는 판인데,

하루내 목이 쉬도록
외치고 돌아다녀도
번 돈은 단돈
천 원이 될까 말까,

발가락이 부르터 아려도
밭덕에 먹고 사는 사람들이라
떨이미 할 욕심에서
지친 다리 끌며 끌며 간다.

까마귀

겉이 시커매
복장까지도 시커먼지
미운 짓만 골라 하는
우악스런 까마귀는,

썩은 내 나는
시커컨 하수구 같은
지저분한 곳만 골라
찾아다닌다.

코를 찌르는
더러운 것
이것 저것 실컷 주워 먹고
배가 불룩해지면,

우스깡스레 고개
길게 빼들고
까악까악 퉁명스럽게
울어 댄다.

아무도 들어 줄 이 없건마는
그것도 모르고
제 노래가 제일인 양
자랑스레 한 가락 빼느라면,

그 시커먼
울음 소리에
더러운 시냇물이
더더욱 시커매진다.

5"

진달래 마음

기계 병아리

매정스런 기계에서
태어났어도
꽃처럼 예쁜 기계 병아리.

마당에 내놓으니
노란 꽃송이 되어
이리저리 굴러 다닌다.

엄마 없이 저희끼리
오골오골 몰려 다니는 모습
애처로와도,

삐약삐약 울어대는
힘찬 병아리 소리
하도 영롱해,

아침 뜨락에 번지는
봄햇살처럼
환히 눈부시다.

풀지게

산에 갔다 오신
아버지 풀지게엔
산에 핀 가을꽃이 꽂혔습니다.

싸리꽃, 억새꽃, 도라지꽃,
용담꽃, 잔대꽃, 마타리꽃……

들에 갔다 오신
할아버지 풀지게엔
들에 핀 가을꽃이 꽂혔습니다.

들국화, 무릇꽃, 고마리꽃,
꽃향유, 달개비꽃, 수쿠렁꽃…….

산과 들에서 온 두 풀짐
마당에 쿵 부려 놓으니
우리 집은 그만
가을 꽃밭이 돼 버렸어요.

황소도 염소도

가을꽃이 하도 향기로와
그저 고맙다 고맙다
하며 먹고 있어요.

진달래 마음

자동차를 타고
진달래꽃이 한창인
문수산 고갯길을 넘는데,

한 모롱이 돌다가
난데없는 뜨거운 진달래 불길에
깜짝 놀라고,

또 한 모롱이 돌다가
뒤덮는 진달래꽃 사태에
깜짝 놀라고…….

구비마다 모롱이마다
아, 불붙는 우리 강산아!
아름다운 우리 강산아!

아, 우리 겨렌
저 불타는 진달래 불길
보며 보며 자랐기에,

아, 저 뜨거운 진달래 마음
우리 겨레 가슴 가슴에
불태우고 있었기에,

동학혁명도 일어나고
3 · 1운동도 4 · 19혁명도
터졌었겠지.

나라에 옳지 않은 일 있을 때마다
나쁜 짓 그대로 놔 둘 수 없어
분통을 터뜨렸겠지.

나쁜 짓 두고 못 보는
끓어오르는 진달래 불길
어쩌지 못해
마구 들고 일어나 결판을 냈었겠지.

개나리는 피어나서

개나리는 피어나서
길가나 울타리에
노랗게 노랗게 피어나서,

휘늘어진 가지 가지
천국처럼
화사하게 피어나서,

오가는 사람들
쓸어안으며
소맷자락 붙잡으며 붙잡으며,

티없이 노란 웃음
봄이 와서 반갑다고
다시 살아나 반갑다고,

꽃처럼 아름답게
깨끗하게 살자고
싸우지 말고
평화롭게 살자고,

총질 폭격질 하지 말고
무서운 핵전쟁 같은 짓
하지 말자고,

개나리는
노랗게 노랗게 불타는 가슴
안타까운 목소리로,

제발 부탁이라고
잘난 체하는 사람들아
제발 부탁이라고
서로 사랑하며 착하게 살자고,

개나리는 오가는 사람들
붙들어 잡고
얼굴 부벼대며
부벼대며…….

흙이 목숨줄이기에

고추값이 똥금이니
고추 농사 지어 무엇하느냐고
한탄만 하던 농부 아저씨들.

싹트고 꽃이 피는
봄이 닥치니
어쩔 수 없이 또
고추 심을 차빌 하느라 야단들이다.

석회를 뿌리고
밑거름 넣어
로타리를 치고 골을 타서,

공주님이라도 모셔올 듯
솜이불보다도 더 부드럽게
매만져 다듬는다.

마늘금이 헐값이니
보나마나 고추금도 시원찮을 걸
뻔히 알면서도,

흙만 보면 자기도 모르게
마음이 끌려
운명처럼 흙품에
몸을 맡겨 버린다.

흙만 믿고 사는 농부 아저씨들에겐
흙이 곧 어머니이고,

삶을 거는 목숨줄이기에
목숨 줄이기에…….

시를 쓰는 나무

하늘 우러러
한자리 붙박혀서서
말이 없는 나무는,

몸짓으로 말을 하고
몸짓으로
멋을 부린다.

시처럼 싹을
틔우고
꽃을 피우고,

시처럼
열매를 달고,
맛을 들이고,

시처럼 잎을 물들이고
낙엽을 날리는
나무는,

그래서
시인이다.

몸으로 몸으로
시를 쓰는
진짜 시인이다.

가을 들판

비단처럼 곱게 다듬어진
가을 들판.

롤롤롤 풀벌레 소리로
가득 찬 황금 벌판.

고마운 분에게
인사라도 드리는 듯
무거운 고개 숙인 벼들.

보람이 되어 찰랑입니다.
기쁨이 되어 찰랑입니다.

은혜로운 햇살이 영글어
구수한 흙 냄새가 영글어,

이백 예순 아홉 번이나
잔손질이 가야 하는
뼈빠지도록 고달픈
농부들의 땀방울이 영글어,

강물이 되어 찰랑입니다.
바다가 되어 찰랑입니다.

비바람 걱정 병충해 걱정
다 견뎌 이기고
고생 끝에 오는 기쁨.

농부 아저씨도 황소도
빙긋이 웃고 있습니다.

황금 벌판 바라보며
흐뭇해
빙긋이 빙긋이 웃고 있습니다.

녹는 눈

어제는 눈보라 치고
꽁꽁 얼음 어는
한겨울이더니,

오늘은 또 씻은 듯
화사한 봄 아침
지붕에 쌓였던 눈이
솜사탕처럼 녹아 내린다.

슬레이트 지붕
눈 녹은 물이
홈통을 타고 콸콸 흘러내려서,

마당을 적시며 적시며
지도처럼
번져가고 있다.

콸콸콸 비 오는 소리 같은
저 눈 녹는 소리는
봄이 오는 소리

봄이 오는 소리.

아, 봄이 온다네.
봄이 와요.
저 콸콸콸 눈 녹는 물소리 타고
봄이 온다네.

겨울이 길어 지겨운
태백산 줄기 이 깊은 산골
험한 골짜기에도,

봄이 온다네.
봄이 와요.
서럽게 서럽게 봄이 온다네.

꽃처럼

저 꽃송이 그 어디에
숨겨 뒀다가
저렇게도 화사하게
피워 놨을까.

티 한 점 이지러짐 하나도 없이
오롯이 예쁘고 아름다운 꽃.

영이야 이리 와
꽃을 보아라
우리도 꽃을 보며
꽃처럼 살자.

꽃처럼 순결하고
거짓 없는
이 세상 그 어디에
또 있을까.

흠점도 구김살도 없이
오롯이 곱고도 향기로운 꽃.

순이야 이리 와
꽃을 보아라.
우리도 꽃이 되어
꽃처럼 살자.

오른쪽

철사줄을 휘감고 오르는
나팔꽃 덩굴을 보면,

이것도 저것도 모두
오른쪽으로 오른쪽으로
휘감고 올라간다.

짓궂은 장난 삼아
덩굴을 풀어
반대 쪽으로 감아 두고

그 이튿날 보면
또다시
똑바로 바로잡아 놓는다.

누가 가르쳐 준 오른쪽일까?
나팔꽃이 대를 이어 가며
꼭 고집을 부리는
그 오른쪽.

눈도 코도 없는 것이
딱 스스로 헤아려
법칙처럼 지키는
그 오른쪽.

지구가 지구가
스스로 오른쪽으로
자전하면서,

또 태양 둘레를
오른쪽으로 돌고 있는
그 오른쪽
오른쪽일까!

휴전선 철조망

휴전선에 철조망이
오지도 가지도 못하게,

무서운 얼굴을 하고
가로막고 섰지만,

키가 모자라
푸른 하늘까진 막을 수가 없듯,

오가는 새들의 자유
구름의 자유까진 막을 수가 없고,

쇠그물에 구멍이 숭숭 뚫려
바람과 물의 자유
토끼의 자유까진 막을 수가 없다.

더구나 땅속으로 스미는
푸른 산맥의 웅어림과
겨레의 뜨거운 소원까진
도저히 도저히 막을 수가 없다.

철조망 곁에는
풀도 나 있고
풀꽃도 피어 있는데,

같은 겨레끼리
그게 무슨 짓이냐고,

역사가 흐르고 나면
다 부질없는 일이 되고 마는 것이라고,

사람이 만든 철조망
하늘이 내려다보며,

넌지시 비웃고 있는데
비웃고 있는데…….

고사리 꺾기

싸리순 칡순 돋을 적에
고사리 꺾으러 가면,

고사리 꺾는 재미에 취해
모든 것이 다 고사리로만 보이지요.

고사린가 하고 가 보면
고사리 아닌 싸리순이고,

또 고사린가 하고 가 보면
또 고사리 아닌 칡순이고…….

손가락처럼 포동한 줄기가 비슷해
보송보송한 은빛 솜털이 비슷비슷해,

꺾으러 가다가는 속고
꺾으러 가다가는 속고 속고 하지요.

할아버지

머리가 하얗게 센
할아버지 곁에 앉으면
커다란 산 옆에 앉은 것 같다.

할아버지가 들려주시는
호랑이 이야기
도깨비 이야기에 겁이나
이불 밑으로 숨기도 하고,

녹두 장군 이야기며
독립 만세 이야기에
피가 끓어 불끈
주먹이 쥐어지기도 하는,

할아버지 곁에 앉아
밭고랑처럼 주름진
할아버지 얼굴 보고 있으면,

흰 눈 인
높고 거룩한 산
우러러 보는 것만 같다.

외딴집

옹달샘 하늘만이 쳐다보는
강원도 어느 깊은 산골.

화전밭 가꾸려고
통나무 엮어서
산 중턱에 지어 놓은 우리 집.

타박타박 걸어오던
실오락 비탈길이 바로
우리 집 문 앞에서 끝나고,

우리 집 문 앞에서
처음으로 시작되는 길이
읍내로 서울로
외국으로도 이어지는,

낙락가지 끝 같은
외지고 쓸쓸한
구석진 곳에 있는
아무 보잘 것 없는 집이지만,

그러나 이 땅 위엔 오직
하나밖에 없는
소중하고도 고마운 우리 집.

혼자 떨어져 외롭겠다며
밤마다 별들이 가까이서 비쳐 주고
산새들도 유난히 다정하게
울어 주기에,

외따로 떨어졌어도
외로움 모르고 살아가는
깊은 산골 외딴
우리 집.

6
"

꽃 앞에서

탑만 남아서

문무대왕 넋이 어린 감은사 절터
절은 불타 없어지고 탑만 남아서
대왕바위 바라보며 외로이 섰네.

그 옛날의 그 큰 뜻은 그대로건만
용이 되신 대왕님은 오시질 않아
천년 세월 아쉬워 눈물만 짓네.

밤낮으로 울부짖는 저 파도 소리
저승서도 나라 걱정 후손들 걱정
근심 많은 대왕님의 흐느낌인가!

옛 절도 옛 사람도 다 가고 없어
혼자 남은 3층 석탑 하도 쓸쓸해
동해바다 바라보며 울고만 섰네.

들꽃들에게

철 따라 들이나 길가에
힘껏 피어나
무심히 웃고 있는 들꽃들아!

이 세상 마음 터놓고
이야기 나눌 곳도
하소연할 곳도
너희들밖엔 아무데도 없구나.

사람들과 이야길 하면
답답하고 구역질나고
말이 잘 안 통해 짜증스럽지만,

들꽃들아, 너희들과 이야기하면
왜 그리 속이 편하고
허물이 없고 다정스러우냐?

너희들과 만나기만 하면
그만 돌이 돼 버리는
너희들이 그 깨끗하고 얌전하고

아리따운 모습.

너희들이 있기에
너희들이 항상
우주의 신비와 진리를 속삭여 주기에
나는야 시골에 묻혀 산단다.

너희들이 보고 싶고
너희들과 이야기 나누고 싶어
우리 인간들의 마지막 고향
시골에 시골에 묻혀 산단다.

밤 뱃고동 소리

한밤중에
혼자서 외로워 잠이 잘 안 오는
고요한 한밤중에,

붕 ― 붕 ―
먼 바다 울고 가는
먼 뱃고동 소리 듣고 있노라면
가슴이 미어진다.

대왕바위 쪽 동해바다에서
아련히 들려 오는
팔려 가는 송아지 울음 소리 같은
그 소리.

어쩌면 임진왜란 때
왜놈들이 도둑질해 가다가
대왕바위 앞바다에 빠뜨렸다는
그 가련한 감은사 종소리 같기도 한
그 소리.

지금도 바다가 잔잔하거나
비가 오려고 할 때면
종 우는 소리가 들리곤 한다는
그 슬픈 역사의 그 슬픈 울음 소리 같기도 한
그 소리…….

벽을 울리며
방바닥을 들썩이며 들려오는
밤 뱃고동 소리 듣고 있으면
더욱 마음 설레어 잠을 이룰 수가 없다.

겨울 보리

한때 아름다움 자랑하던
모든 이파리의 꽃송이들
매서운 칼바람에
흔적도 없이 사라졌어도,

초록빛 겨울 보리만은
혼자 살아
맨살로 맨살로 일어섰다.

목숨처럼 지키는
파란 깃발 나부끼며
당돌하게 당돌하게 일어섰다.

전라도에서도
경상도, 강원도에서도
충청도. 경기도, 제주도에서도,

들판마다
마을마다
산자락이며 산등성이마다,

사랑이 떼 같은
칼바람, 눈보라야
덤빌 테면 덤벼라
외치며 외치며 일어섰다.

창칼도 방패도 하나 없는
조그만 것이
오직 자유의 깃발 하나 믿고,

동학혁명 때
물밀 듯 떼몰려 가던
그 성난 농민군들처럼,

겨울 하늘에 앙가슴 디밀며
맨손으로 맨손으로
파릇파릇 일어섰다.

새끼제비를 잃고

나 혼자 사는 시골집에
한식구 되어 함께 사는
제비 한 쌍.

귀여운 새끼제비도
너댓 마리 까 놓고
한창 깨가 쏟아지더니,

어느 날
어딜 갔다
며칠 만에 돌아와 보니,

제비집은 쥐죽은 듯 고요하고
어미제비들은 맥이 빠져
전깃줄에 우두커니 앉아 있었다.

동넷사람들 말을 들으니
약 치는 논밭에서
농약 묻은 벌레 물어다 먹여
그렇게 시들시들 말라 죽은 거란다.

쯧쯧, 가엾은 것들.
있는 힘 다해 성심껏 길렀는데
왜 그럴까
깊은 시름에 잠겨 있는 가엾은 것들…….

그게 모두 제비들의 죄가 아니고
편리하다고 마구탕
약 치기 좋아하는
사람들의 죄인 것을…….

해마다 더더욱 독한 약을 쳐서
대자연을 마구탕 망가뜨리는
철없는 사람들의 죄인 것을
죄인 것을…….

마늘

팔려 나가야 할 마늘이
겨울이 다 가도록
팔리질 않고,

헛간 시렁에
천덕꾸러기 되어
똥값으로 매달려 있다.

작년에 한 접에
7~8천 원 하던 것이
금년에 단돈 천 원도 안 주려 하는
싸구려 마늘.

늦가을에서 이듬해 초여름까지
약 치고 거름 주며
피땀 흘려 애써 가꾼
보람도 없이,

재벌들 농간으로 들여오는
외국 마늘에 밀려

똥값이 더욱 똥값 돼 가는
불쌍한 우리 나라 마늘…….

비료값, 농약값 갚을 길 없어
고개 처박고 있는
농부 아저씨들 모습으로
힘없이 힘없이 매달려 있다.

달라는 아이들 학비 못 주어
가슴 아파하는
어머니들 마음으로
안타까이 안타까이 매달려 있다.

꽃 앞에서

산수 문제 못 푼다고
선생님께
호된 꾸중 듣고,

훌쩍훌쩍
무거운 마음으로
변소 가던 길,

식은 꽃밭 옆을 지나다가 문득
활짝 웃고 있는
꽃과 마주쳤다.

생글거리는 백일홍,
페추니아, 봉숭아꽃들을
무심코 바라보다가,

날개를 접었다 폈다
단 꿀을 빨고 있는
호랑나비한테 반해서
한참을 혼이 빠져 있다가,

선생님의 무서운 얼굴도
야속한 꾸중도
그만 깡그리 잊어버렸다.

나비 날개에 실어
담 너머로
푸른 하늘로
훨훨훨 날려 보내 버렸다.

언제나 스스로
마음이 넉넉해서
언제나 혼자서 흐뭇이 웃고 있는
인자스런 꽃 앞에서,

깊은 땅속으로부터 샘솟는
티없이 맑은
평화스런 웃음 앞에서
웃음 앞에서…….

다 어디로 간 것일까?

어젯밤 소리 없이 내린
봄비를 맞고
다 어디로들 가 버린 것일까?

수돗가에
꽁꽁 얼어 붙어서
수돗물도 못 나오게 하고,

바가지도 세숫대야도 못 가져 가게
앙탈을 부리던
그 얼음장
그 얼음사슬들.

겨우내 내 세상이야 뽐내며
한 번 차지한 자린
절대로 내놓을 수 없다며
탕탕 큰소리치던 그 얼음사슬들…….

어디로 간 것일까?
흔적도 소리도 없이

어디로 도망가 버리고 없는 것일까?

세상 무서운 줄 모르고
망나니처럼 방자하게
아무 죄도 없는 사람들
마구 윽박지르며 못살게 굴던,

어저께의 그 서슬 퍼런
그 호통
그 엄포
그 못된 짓.

한 번 계절이 바뀌고
세상이 변해서
뒤우뚱 역사가 한 굽이 치고 나니.

거짓말같이
사라져 버리고 없네.
흔적도 없이 꺼져 버리고 없네.

버스 안에서

한결같이 깡마른
흙빛 얼굴
시골 장꾼들을 싣고,

고물 버스가 울퉁불퉁한 시골길을
부릉부릉
털럭거리며 가는데,

고추 보따리며 마늘 꾸러미를 든
아낙네들
시세 때문에 하마부터
걱정이 태산 같다.

고추값도 똥금이고
마늘값, 채소값도 똥금이니
도시사람들은 좋아하겠지만
우리 시골사람들은 어떻게 사느냐고,

자식들은 어이 가르치고
농협 빚은 무엇으로 갚으며

비료값, 농약값은 어떻게 하느냐고
모두들 할 말을 잃는다.

남이야 걱정하건 말건
찌든 농민들처럼 찌든 고물차는
더더욱 세차게 달리는데,

"아이고, 어이 살고."
땅이 꺼질 것 같은
처량한 한숨 소리만이,

털털거리는 버스 안에
자욱한 먼지처럼
숨막히게 자욱하다.

제트기

소나무 가지 위로
여윈 낮달이
한가로이 떴는데,

괴물 같은 제트기 두 대가
난데없이
벼락치듯 나타나더니,

까만 기름연기로
고운 반달 얼굴 먹칠해 놓고
쌩 소란을 피우며 달아나 버린다.

아늑하고 조용하던 골 안이
그만 온통 수라장으로
변해 버렸다.

흥겹게 노래하던 산새들
가위눌린 듯
후다닥 날아오르고,

생각에 잠겨있던 문수산도
이맛살 찌푸리며
고개를 돌렸다.

코뚜레

그 억센 힘으로 말하자면
커다란 산이라도
당장 밀어붙일 것 같고,

그 날카로운 뿔로 보자면
힘센 철갑 탱크라도
단번에 떠밀어 버릴 것도 같지만,

한번 사람에게
코뚜레만 잡히는 날이면
꼼짝도 못하고 쩔쩔매는 황소.

그 원망스런
코뚜레
꼭 한번 잘못 생각한 실수로
잘못 뚫린 코뚜레.

진즉 엉큼한 사람 속
알아차리고
자유 찾아 산으로 들판으로

튀어 달아났어야 했을 것을…….

따뜻한 쇠죽 끓여 주고
머리 쓰다듬어 주는 잔정에
홀려 있다가
마침내 꼼짝없이 당하고 만 코뚜레…….

이제는 이러지도 저러지도 못하고서
고삐가 끄는 대로 끌려 다니며
온갖 치욕스런
종질 바보짓 다 하다가,

마침내는 몸바쳐
육소간으로까지 가야 하는
그 한스러운 코뚜레.

나물장수 우리 할머니

오두막집 하나 없어
셋방으로 떠돌아다녀야 하는
우리 집 형편이라,

할머니는 일흔이 넘으셨는데도
우리들 학비라도 보탤 양으로
시장 언저리 길가에서
나물장사를 하십니다.

철 따라 돋아나는
산나물, 들나물 뜯어다가
길바닥에 늘어놓고
길바닥 장사를 하십니다.

하루내 팔아 봐야
2천 원이 될까 말까 하는 것을
순경 아저씨한테
이리저리 쫓겨 다니기도 하고,

장사에 방해된다 투덜대는

점포 주인들 성화에 못 이겨
밀려나기도 하며,

남의 눈치 보며 보며
천덕꾸러기로 빌붙어 장사하는
불쌍한 우리 할머니…….

그래도 저녁에 돌아오시면
우리 형제
불러 앉혀 놓으시고,

아무리 가난해도
산물처럼 착하게 착하게
살라고 하십니다.

들나물처럼
끈질기게 끈질기게
살아가라 하십니다.

시골로 가고 싶어요

아찔하도록 드높은
괴물 같은 빌딩들이 줄지어 선
아파트 마을.

친척도 정든 이웃도
하나 없는
쌀쌀맞은 시멘트 마을.

엘리베이터도 탁한 공기도
시끄러운 자동차 소리도
이젠 딱 진저리가 났어요.

시골로 가고 싶어요.
친척들도 살고 있고
할아버지 농사 지으시는
정다운 시골로 가고 싶어요.

고양이도 강아지도
마음대로 기를 수 있고
잠자리도 매미도 잡을 수 있는
시골로 시골로 가고 싶어요.

교실도 운동장도 수돗가도 만원
자동차도 길거리도 모두 다 만원
사람에 지쳐 못 살겠어요.
숨막혀 못 살겠어요.

시냇물이 졸졸 흐르고
진달래꽃, 아카시아꽃 만발하고
산새 들새 노래하는
아름다운 시골로 가고 싶어요.

날마다 시험 점수만 따지고
일류 대학만 가지고 이야기하는
선생님도 부모님도
딱 보기가 싫어졌어요.

시골로 시골로 가고 싶어요.
낮닭이 한가로이 울어대는
한적한 시골로 가고 싶어요.

산이 있고 들이 있고
나무가 있고 들꽃이 피는
인심 좋은 시골로
어서 빨리 가고 싶어요.

바닷가에서

바닷가에서
출렁이는 바다를 가만히
보고 있으면,

문득
바닷물이 되고 싶다.
문득 물고기가 되고 싶다.

문득
문득
물새가 되고 싶다.

그것들은
38선도 휴전선도
철조망도 아랑곳없이,

그것들은
지뢰밭도 미사일도
잠수함도 넌지시 비웃으며,

마음이 내키기만 하면 금방
북으로 갔다가
남으로 갔다가,

동서남북 아무데고
제 마음대로
왔다 갔다 하는 것을…….

바다는 울고 있다.
분명 우리 나라 바다는
철석철석 밤낮으로 울고 있다.

겨레도 바닷물도 물고기도
절대로 절대로
억지로는 갈라놓을 수 없는 것을,

40년 넘어 갈라진 채
한겨레끼리
오지도 가지도 못하고서,

서로가 서로를 의심하고
못 미더워
으르렁거리고만 있는 안타까움을,

바다는 울고 있다.
북쪽 새
남쪽 물고기 함께 어울려
얼싸안고 얼싸안고 울고 있다.

총대 앞의 민들레꽃
— 휴전선을 비추는 T·V 화면을 보고

휴전선 철책 안 어느 초소
기관총 총대 앞에
곱게도 피어 있는 민들레꽃 한 포기.

사람들이여!
제발 제발 총질 좀
하지 말라는 듯.

사람들이여!
제발 제발 하늘뜻 좇아서
평화롭게 평화롭게 살라는 듯.

총구멍 막아 서며 막아 서며
한 포기 민들레는
무서운 이야길 하고 있었다.

세월이 가고
역사가 흐르고 나면
다 아무것도 아닌 거라고

다 쓸데없는 일이 되고 마는 거라고…….

44년 동안을 서로 토라져
으르렁거리고만 있는
딱한 우리 겨레에게
무서운 이야길 하고 있었다.

총대 앞에서도
아무 두려움 없이
그저 생글거리고만 있는
당돌한 휴전선 민들레는…….

아파트촌 아이들

양키들이나 잘하는
깽단이 되려는 것일까?
이 놈도 저 놈도 총을 쥐었다.

시골 아이들 같으면
부모님 따라 논밭에 나가
호미질이며 괭이질도 배우고,

풀베기, 모심기, 나무하기……
고된 일 하며 하며
비지땀도 흘리겠지만,

뛰놀 마당도 풀밭도 하나 없어
만날 잔인한 서부활극이나 보며
자란 아파트촌 아이들.

하루내 아파트 둘레로 숨어 다니며
걸핏하면 총질이나 하고
서부 깡패들 흉내나 내는 일뿐이다.

흙냄새도 풀향기도 모르고
하늘 닿게 높은 괴물 같은 집에서
노고지리처럼 갇혀 살기에,

점점 괴물 같은 사람으로 변해 버려
가까운 친척도 모르고
이웃 어른들 만나도
인사 하나 할 줄 모르는데,

하루내 탕탕 매캐한 화약 냄새
풍기며 돌아다녀도
아무도 아무도
나무라는 사람이 없다.

7"

한 송이 민들레야

개나리꽃 피어나니

운동장을 둘러싼 노란 개나리
약속한 듯 밤 사이 활짝 펴나니,

교실도 환하고 학교도 환해
눈부신 꽃나라가
돼 버렸어요.

선생님도 아이들도 노란 웃음꽃
평화스런 꿈나라가
돼 버렸어요.

새소리도 노랗게 물이 들었고
봄바람도 노랗게 물이 들어서,

뒷동산도 환하고 들판도 환해
온 동네가 꽃나라가
돼 버렸어요.

선생님도 아이들도 노란 비단옷
행복스런 꿈나라가
돼 버렸어요.

지구의 옷

방학 동안 운동장에 잡초가 우거져
남들이 욕한다고
모두들 제초젤 뿌리자고 한다.

제초제 뿌리면
원자탄 맞은 것 같아 더 보기 싫으니
손으로 뽑자 해도
그래도 기어코 뿌리잔다.

풀은 바로 한울님께서
발가벗은 땅이 안쓰러워
애써 입혀 주시는 초록빛 따뜻한
지구의 옷인 것을,

남의 눈은 두려워하면서도
한울님 참뜻은 무시한 채
자꾸자꾸 풀에게
원자탄을 때리자고 한다.

아무리 원자탄을 때려 봐도

풀은 인간의 잔꾀를 비웃듯
이내 밑동에서부터 기어코
되살아나고 마는 것을,

온 세상을 평화의 빛
초록빛으로
온통 뒤덮어 버리려는 한울님의
깊은 속마음은,

하나도 모르고
하나도 모르고…….

자동차에 둥지 튼 할미새

일본 어느 아가씨가
빈터에 차를 오래 세워 뒀다가
어느 날 보닛을 열어 보니,

세상에 세상에 할미새가 한 쌍
거기에다 둥지 틀고
새끼를 다섯 마리나
까놓더란다.

새를 좋아하는 그 아가씨는
할미새 새끼가 안쓰러워
솜털 벗고 둥지를 떠날 때까지
차를 세워 둔 채 걸어다녔단다.

자동차 안에까지 기어들어가
둥지 튼 할미새도
신기하고 멋이 있지만,

할미새가 새끼 다 키워 떠날 때까지
기다려 주는 아가씨 마음씨도

참으로 기특하고 멋이 있고
아름다워라!

한 송이 민들레야

바삐 길 가는 나를
문득 불러 세운
한 송이 노란 민들레야.

봄 햇살보다도 더 눈부신
네 눈웃음이
어쩌면 그렇게도 간드러지고 아리따우냐!

솜털 낙하산 타고
바람 따라 하느적거리다
무심코 내려앉은 길가 그 자리.

기를 쓰도 풀 이파리 비집고 들어가
뿌릴 내리고 싹을 틔워
내 세상이야 차지하고 앉은,

지긋덩이 위 한 점
바늘 끝
작디 작은 그 자리…….

나는 나는
그 풀밭 속 아늑한
네 자리가 부럽단다.

아니 아니
하늘 우러러 털끝 부끄럼도 없이
활짝 웃고 있는 네 몸짓이
나는 나는 한없이 부럽단다.

억울한 개구리

이웃 논에서 울어대는
친구 개구리들이 그리워
밤중에 한길을 건너던 개구리 한 마리.

미친 듯 달리는 자동차 바퀴에 치여
깩 소리 한번 못 해 보고
종이처럼 납작하게 뻗어 버렸다.

배가 터지고
머리가 으깨지고
형체조차 모르게 됐는데도,

꼬리를 물고 달리는 자동차 바퀴에
겹치기로 으깨지고 또 으깨져
이제는 가루가 다 돼 버렸다.

오로지 사람이 만든
아스팔트 한길 때문에
자동차란 괴물 때문에,

아무 죄도 없는 개구리의 일생이
아니 아니 개구리의 우정이
억울하게도 산산조각이 나 버렸다.

감 똥

우리 어려선
감꽃을
감똥이라 했지.

떨어진 감꽃이 꼭
풋감이 눈 똥 같대서
그랬던 거지.

우리 어려선 빵이며 과자
군것질할 게 너무도 없어
감꽃 주워서 먹기도 하고,

실에 꿰어 꽃목걸이 만들어
신랑각시놀이하며
놀기도 했지.

올해도 동네 골목에
노란 감똥 많이도 떨어지건만
주워 먹는 아인 하나도 없네.

미국 설탕
미국 밀가루 맛에
입이 병들어,

달큰한 감똥
주워 먹는 아인
눈 씻고 봐야 하나도 없네.

흙이 목숨줄이기에

고춧금이 똥금이니
고추 농사지어 무엇 하느냐고
한탄하던 농부 아저씨들.

싹 트고 꽃이 피는
봄이 닥치니
어쩔 수 없이 또
고추 심을 차빌 하느라 야단들이다.

석회를 뿌리고
밑거름을 넣어 로터리를 치고
골을 타서,

공주님이라도 모셔 올 듯
솜이불보다도 더 부드럽게
매만져 밭을 다듬는다.

마늘금이 헐값이니
고춧금도 보나마나
시원찮을 걸 뻔히 알면서도,

흙만 보면 자기도 모르게
흙에 홀려 그만
흙 품에 자기 몸을 맡겨 버린다.

흙만 믿고 사는 농부 아저씨들에겐
흙이 곧 어머니이고
운명을 거는 목숨줄
목숨줄이기에…….

조상의 피땀어린 땅이기에

한창 모내기 철인데도
빈 집이 많아
일손이 모자란 쓸쓸한 시골 마을.

남편도 없고
아들마저 도시로 나가 버려
홀로 사는 할머니는,

산골짝 다랑배미 논에서
혼자서 외로이
모를 심는다.

농사지어 봤댔자
UR* 태풍 때문에
농비도 안 나올 걸 뻔히 알면서도,

그대로 조상으로부터 물려받은 땅
그냥 묵혀 둘 수가 없어
할머니는 기어코
혼자서 모를 심는다.

산에서는 벌써 어둑어둑
산그늘이 내리는데
할머니는 수지타산 같은 건 생각지도 않고
무작정 묵묵히 모를 심는다.

대대로 조상의 혼과 피땀이 서린
내 살붙이 같은
정답고도 아까운 땅이기에
땅이기에…….

*UR : 우르과이라운드

농사지어 가지고서는

2500원짜리 운동화 1켤레 사는 데는
1250원 하는 쌀 2되를
팔아야 하고,

3700원자리 참고서 1권을 사는 데는
1000원 하는 고추 4근을
팔아야 한다.

800원 하는 보리쌀 10되를 팔아야만
8000원 넘어 하는
옷 한 벌을 살 수가 있고,

1300원 하는 콩 1되를 팔아야
1200원짜리 크레파스 1갑을
살 수가 있다.

곡식 팔아 비료 값 농협 빚 갚고 나니
겨울 양식이 모자라
고구마와 호박범벅으로 끼니를 잇는
우리 집.

시골에서 농사지어 가지고서는
도저히 살 수 없다면 날마다 한탄만 하시는
아버지 한숨 소리에,

새봄에 중학교에 꼭 가야 하는 나는
믿을 곳이 없어
억장이 무너진다.

하늘을 잃은 백조

북반구 하늘을 단숨에 주름잡는
신선처럼 지체 높은 새
천연 기념물 제201호.

몸무게 12kg에 날개 길이 45cm
몸체 길이 150cm나 되는
사람만큼이나 큰 백조 한 마리…….

품선 저수지에서 후다닥 날아오르다
고압선에 날개를 다쳐
그만 땅에 떨어지고 말았단다.

눈 덮인 들판을 혼자서 숨어 다니다
하도 배가 고파 어쩔 수 없이 찾아든
경북 월성군 건천읍 용명1리 서정운 씨네 집.

마을에선 경사 났다고 사료도 갖다 주고
날개도 치료해 주어
창고 안에서 편히 쉬고 있지만,

고향도 하늘도 친구도
한꺼번에 다 잃어버린 불쌍한 백조는
그저 슬프기만 하단다.

목욕하러 금강산에 내려왔다가
날개옷 잃고 하늘로 못 돌아간
그 옛날의 그 딱한 선녀처럼…….

날개가 나아도 날 수가 없어
달성 공원으로 보내질 것이라는
그 가여운 백조.

바스락 소리만 나도 소스라쳐 일어나
긴 모가지 빼들고
하늘 보며 끼룩끼룩 마구 울어댄단다.

다시 하늘을 날고 싶어
푸른 하늘을 푸른 하늘을
훨훨 마음대로 날고 싶어.

아픈 날개 파닥이며
마구 몸부림친단다.
발광을 한단다.

빈 집

남의 땅 얻어
아무리 뼈빠지게 농사지어 봐도
늘어만 가는 빚더미 어쩌지 못해,

막노동, 식모살이 해서라도
다섯 식구 풀칠이라도 해야겠다며
어느 도시론가 훌쩍 떠나 버리고,

외딴 산모롱이
달랑 혼자 남은
쓸쓸한 순이네 빈 오두막집.

부엌문도 방문도
바람이 치는 대로
벌렁 열려 있고,

빈 마당엔
헌 신짝만 뒹굴어
귀신이라도 나올 것처럼 허전하다.

새봄이라 새들이 울어도
들어 줄 사람 없고
옹달샘에 맑은 물 솟고 솟아도
아무도 마실 사람 하나 없는데,

남새밭엔
봄 배추며 파 잎이 파릇파릇
부질없이 돋아나고,

옛 집 찾아온 제비들은
철없이 재잘거리며
처마 밑에 처마 밑에
제비집을 짓고 있어요.

춘양목은 울고 있는데

태백산 줄기 깊은 산에서만 자란다는
쪽쪽 곧은 빨간 줄기
하늘 닿게 정정한 춘양목.

옛날엔 궁궐 지을 때만
베어서 썼다는 그 귀하고
멋이 있는 춘양목.

솔잎혹파리 먹었다는 핑계로
아직 죽지도 않은 싱싱한 춘양목을
기계톱으로 마구 베어 넘기고 있다.

춘양목은 분하고 억울해서 울고 있는데
휘발유 먹은 기계톱은 더욱 힘이 나
더욱 시끄럽게 부르릉거리고,

요란한 기계톱 소리에 놀란 산은
인간 송충이들의 탐욕스런 노략질에
치를 떨며 통곡하고 있다.

부르릉 부르릉 우지끈 우지끈
갑자기 전쟁터처럼 소란해진 문수산 골짜기
산짐승들 삶터를 잃고 울고 있는데,

돈 생기는 일이라면 물불 가리지 않는
솔잎혹파리보다도 더 지독한 사람들
더럽고 앙칼진 손에,

수십 년 수백 년 공들여 쌓은 탑이
하루 아침에 허망하게
무너져 간다.

우지직 우지직 벼락 치는 소리를 하며
서럽게 서럽게
무너져 간다.

풀

풀 풀이 그립다.
초록빛 눈부신
풀이 그립다.

산골에서 살다 온 사슴이라
풀이 뜯고 싶은데
서울엔 풀 풀이 없다.

아스팔트 · 시멘트 · 보도 블록으로
철갑을 해 버려
땅이 숨을 쉴 수도 없는
답답한 서울…….

탁한 공기가 컥컥 코를 막을 때면
문득문득 풀이 많은
시골이 그리워진다.

내가 숨어 살던
봉화 서벽
의성 하령 땅들이
뛰어가고 싶도록 그리워진다.

을지로 매미 소리

숨막히는 더위가 푹푹 찌는
8월 막바지 한낮인데,

논밭도 풀언덕도 없는
서울 을지로 가구점 거리에서
참매미가 맴맴맴 야단스레 울었다.

올벼가 찰 때 운대서 올벼매미
맴맴 하고 운대서
매양매미라고도 부르는 참매미가
서울 한복판에서 울었다.

길바닥도
심지어는 나무 밑동까지도
아스팔트 시멘트로 마구 철갑을 해 버려,

1령 애벌레가 파고들어가 살 곳도
또 5령 뚫고 나올 땅도 없는
매정스런 서울 거린데,

도대체 어느 땅
어느 나무 밑에서 숨어 살다가,

어떻게 그 꽉꽉 막힌 땅 뚫고 나와서
그렇게 엉머구리처럼 목이 터져라
울어대는 것일까?

농약 때문에 시골에서도 듣기 힘든
참매미 소릴
공해 왕국 서울 한복판에서 들으니,

어디서 물씬
흙내 묻은 가을 냄새가
풍겨 오는 것만 같네.

아뿔싸

새벽 운동 마치고 돌오는 길에
문득 초록빛이 그리워
보도 블록에 나 있는 풀을 찾으니,

세상에
내가 아끼던 그 잡초들이
흔적도 없이 사라지고 없다.

아뿔싸 아뿔싸
추석맞이 거리 청소 바람에
그만 죄 없는 잡초들만이
벼락을 맞고 말았구나.

내가 시골 간 사이
겉치레만 좋아하는
벼슬아치들 매정스런 손에
모지락스럽게 뽑히고 말았구나.

서울 와서 목 축일 풀밭이 없어
왕바랭이 · 강아지풀 · 명우자 · 쇠비름

그것들하고나 말벗 삼으려 했었는데,

그만 그만 나의 가련한 꿈마저
산산조각이 나고 말았구나.
와장창 무너지고 말았구나.

우리 밀 밟기

지난 3월 7일
1993년하고도 3월 7일…….

충북 음성군 금왕읍 쌍봉리에서
충주와 서울에서 온 100여 명이 모여
밀 밟기 우리 밀 밟기를 했단다.

미국 밀가루에 밀려
온갖 농약·말라티온·방부제
심지어 발암 물질까지도 들어 있는,

8년을 두어도 썩지 않고
벌레도 일지 않고 쥐도 안 덤비는
미국 밀가루에 밀려,

멸종되다시피 한 우리 토종밀
살리기 위해
모두가 모두 함께 나섰단다.

- 우리 것을 되살리자!

- 우리 것을 지키자!

아, 나도야 시골로
밀 밟기·보리 밟기 하러 갈거나.
아니 아니
구멍 난 나라 울타리 막으러 갈거나.

이제 그만
정말로 이제 그만
외국의 나쁜 것 못 들어오게,

나라 울타리 막으러 갈거나.
주인 없는 집이 다 돼 버린
허술한 나라 울타리
꽉꽉 막으러 갈거나.

아파트촌 아이들(2)

경주서 이사 올 때 가져와
아파트 빈 땅에 심어 놓은
과꽃과 백일홍.

꽃이 피면 그것들 벗삼아
경주 생각하며
살려 했더니,

꽃송이 벙그는 쪽쪽
아파트촌 아이들이 와서
모가지째 똑똑 따 가 버려,

목 떨어진 줄기만이
사형수처럼
늦가을 바람에 쓸쓸히 떨고 있다.

꽃을 너무 좋아해서 그럴까?
아파트에만 갇혀 살아
마음씨가 사나워져서 그럴까?

북극에선 툰드라에 꽃이 피면
그 사나운 여우도
꽃 향기 맡으며 빙긋이 웃는다던데,

빙긋이 빙긋이
웃는다던데…….

공장 짓는다고

공장 짓는다고 불도저로
언덕을 마구 파헤쳐 깎아내리고
바위를 깨뜨려 산산조각 내고 야단들이다.

풀도 민들레꽃도 나무도
네까짓 것 다, 무슨 소용이냐고
무법자처럼 마구 짓밟고 깔아 뭉개고
제멋대로다.

탱크로 변하면
산과 들과 마을을 아수라장으로 만들어 버리는
그 무서운 마한 궤도 쇠발통을 찍찍거리며
부르렁거리며,

지렁이도 땅강아지도 개미도
도랑의 물고기도 갈대도 개구리도
아랑곳없이,

앞뒤 좌우 제 맘대로 돌아다니며
마구 밀어붙이고 뒤덮어 버리고

파묻어 버리고
인정 사정이 없다.

돈과 공장만이 제일이고
기계와 에너지와 사람의 편리만이
제일이라는 듯,

돈쟁이 마음대로
땅 주인 마음대로 하면 되는 거지
생태계 파괴니 공해니
왜 나이 일에 뚱딴지 같은 잔소리냐는 듯…….

한번 자연에 상처를 내기만 하면 금방
그만큼의 보복을 당하고 마는 것을
돈독이 올라 한 치 앞도 못 보는
숙맥 같은 인간들은…….

초가집의 하소연

앞동산아, 날 좀 가려 다오.
철길이 안 보이게
고속 도로가 안 보이게
나를 좀 가려 다오.

울긋불긋 칠하는 거나 좋아하고
눈가림만을 좋아하는 높은 사람들
눈에 안 뜨이게
제발 날 좀 숨겨 다오.

개다리기둥에 썩은 새 지붕
아무 보잘 것 없는
옛집이지만,

흙집이라
겨울엔 따뜻하고 여름엔 시원해
누에치기에도 안성맞춤인
우리 몸에 알맞은 소중한 집이기에,

산 품에 안겨

조상의 입김 마시며 살고 싶은데
자꾸 헐어 버리고 벽돌집 지으라고 하니
제발 날 좀 감추어 다오.

나무숲아, 어서 더 우거져 날 가려 다오.
구름아, 안개야, 어서 와서
제발 제발 날 좀 숨겨 다오.

속은 다 썩었는데 겉치레만 일삼고
남의 나라 흉내만을 좋아하는
얄팍한 벼슬아치들,

눈에 안 뜨이게
제발 제발
눈에 안 뜨이게…….

하늘을 잃은 백조

북반구 하늘을 단숨에 주름잡는
신선처럼 지체 높은 새
천연 기념물 제201호.

몸무게 12kg에 날개 길이 45cm
몸체 길이 150cm나 되는
사람만큼이나 큰 백조 한 마리…….

품선 저수지에서 후다닥 날아오르다
고압선에 날개를 다쳐
그만 땅에 떨어지고 말았단다.

눈 덮인 들판을 혼자서 숨어 다니다
하도 배가 고파 어쩔 수 없이 찾아든
경북 월성군 건천읍 용명1리 서정운 씨네 집.

마을에선 경사 났다고 사료도 갖다 주고
날개도 치료해 주어
창고 안에서 편히 쉬고 있지만,

고향도 하늘도 친구도
한꺼번에 다 잃어버린 불쌍한 백조는
그저 슬프기만 하단다.

목욕하러 금강산에 내려왔다가
날개옷 잃고 하늘로 못 돌아간
그 옛날의 그 딱한 선녀처럼…….

날개가 나아도 날 수가 없어
달성 공원으로 보내질 것이라는
그 가여운 백조.

바스락 소리만 나도 소스라쳐 일어나
긴 모가지 빼들고
하늘 보며 끼룩끼룩 마구 울어댄단다.

다시 하늘을 날고 싶어
푸른 하늘을 푸른 하늘을
훨훨 마음대로 날고 싶어.

아픈 날개 파닥이며
마구 몸부림친단다.
발광을 한단다.

돌그릇

연꽃이 새겨진
커다란 돌그릇이 하나
박물관 뜰 앞에서 비를 맞고 있다.

천 년 세월이 흘렀는데도
비를 맞고 되살아난 듯
생글생글 웃고 있는 그 예쁜 연꽃
그 누가 그 언제 새겨 놓은 것일까?

한 덩이 돌을 보기만 하면
연꽃을 새기거나
부처님 새길 것을 생각했던
그 때 그 사람들 만나 보고 싶다.

자동차도 비행기도 텔레비전도 몰랐지만
그러나 그것들을 모른 만큼
더 소박하고 더 정직하고
더 인정스러웠을,

속일 줄도 욕할 줄도

팔아 먹을 줄도 모르고
오직 돌에다 부처님 마음
새길 줄밖에 몰랐던 그 사람들.

돌처럼 착하고 수수하고
어질고 너그러웠을
그 때 그 사람들
꼭 한 번 만나 보고 싶다.

당돌한 버들개지

산골짝의 가냘픈 갯버들
온 천지 꽁꽁 얼어붙은
매서운 눈 얼음 속에 갇히었어도,

버들개진 버들개진
벌써 토끼털처럼
보송보송 부풀었다.

얼음장 밑으로
쪼르륵 쪼르륵
조금씩 녹아 흐르는 물 소리 듣고,

눈치 빠른 버들개진
벌써 벌써
잠을 깨었다.

철벽처럼 얼어붙은 얼음장과 눈더미
물러가기 싫어
제아무리 앙탈 부리며 몸부림쳐도,

땅 속으로 몰래 스미는
따사한 봄 기운
딱 미리 알아차리고,

보송보송 눈웃음치며
봄이 온다 봄이 온다고
당돌히 당돌히 외치고 섰다.

보리밭 길·3

보리가 익어 가는 보리밭 길로
종달새 노래 따라 걸어서 가면,

후끈한 보리 냄새
보리 익는 냄새
농부들 땀내 같은 후끈한 냄새.

보리 냄새 맡으며 들길을 가면
가슴이 확 트인다.
뭉클해진다.

보리가 익어 가는 보리밭 길로
보리 피리 소리 따라 걸어서 가면,

향기로운 보리 냄새
보리 익는 냄새
농부들 살내 같은 향기론 냄새.

보리 냄새 맡으며 들길을 가면
옛 생각 떠오른다.
그리워진다.